CB125859

Você deu em pagamento o meu país

COLEÇÃO
polyphonia

Dados Internacionais de Catalogação na Publicação (CIP)
(Câmara Brasileira do Livro, SP, Brasil)

Almadhoun, Ghayath
Você deu em pagamento o meu país / Ghayath Almadhoun ; prefácio Ricardo Domeneck. -- 1. ed. -- Belo Horizonte, MG : Ars et Vita, 2025. -- (Coleção polyphonia)

ISBN 978-85-66122-24-4

1. Poesia arábe I. Domeneck, Ricardo. II. Título. III. Série.

25-266863 CDD-892.71

Índices para catálogo sistemático:
1. Poesia : Literatura arábe 892.71
Aline Graziele Benitez - Bibliotecária - CRB-1/3129

ISBN 978-85-66122-24-4
9 788566 122244

FSC www.fsc.org
MISTO
Papel | Apoiando o manejo florestal responsável
FSC® C019350

1ª Edição - **2025**

Ghayath Almadhoun

Você deu em pagamento o meu país

Apresentação
Ricardo Domeneck

Tradução do árabe
Alexandre Chareti

ARS et VITA

A presente antologia é composta pelos poemas que integram o livro *Eu te trouxe uma mão decepada (2024)* e por uma seleção de poemas dos livros *Não posso estar presente* (2014) e *Adrenalina* (2017).

Índice dos poemas

* poema originalmente publicado no livro *Não posso estar presente* (2014).
** poema originalmente publicado no livro *Adrenalina* (2017).

Pequena apresentação de um poeta e amigo palestino aos leitores brasileiros

por Ricardo Domeneck

Ver este livro de Ghayath Almadhoun tomar corpo em nossa língua começa a me comover desde sua capa. Porque já ali, naquelas águas revoltosas, podemos começar a meditar sobre as origens dessa escrita. E também meditar sobre o que temos em comum com essa poética, nossas origens e destinos às vezes compartilhados, mas também específicos, segregados, formados por catástrofes que para uns se mantêm abstratas, coisas para livros de História, enquanto para outros, aqueles que vivem essas catástrofes como destino político e destino pessoal, são cicatrizes visíveis no próprio corpo. Pois ainda que Ghayath Almadhoun cante uma terra específica ao longo desses poemas, tão devastadores na tradução de Alexandre Chareti, não se vê na capa terra alguma. Apenas as águas revoltosas do mar Mediterrâneo, ao qual tantos se lançaram para fugir de suas terras. Fugir de suas guerras. Esse mar, vala comum há séculos.

E sobre essas águas, paira o título: *Você deu em pagamento o meu país*, que talvez parecerá mensagem cifrada a alguns brasileiros. Afinal, quem se esconde sob este "você"? A quem o poeta se dirige? Que país é esse? E qual dívida foi sustada com esse pagamento? Assim como a terra do título desaparece nas águas do mar Mediterrâneo, por vezes ponte e por vezes muralha, que hoje separa africanos, europeus e asiáticos, algumas catástrofes interconectadas se entrelaçam e se escondem nesse título. A própria palavra "catástrofe" as nomeia em línguas distintas: Shoah e Nakba. Pois bem, muitas nacionalidades poderiam se identificar com esse "você" do título, incluindo os brasileiros, que votaram a favor da criação de dois Estados, Israel e Palestina, na Resolução 181 da Organização das Nações Unidas, de 29 de novembro de 1947. Mas é aos europeus, e com frequência aos alemães, que Ghayath Almadhoun mais consistentemente se dirige em poemas como *Nós* e *Ode à tristeza*. Pois se é deveras uma catástrofe imperdoável o que aconteceu com os judeus nas mãos do Partido Nazista e seus colaboradores europeus, o que tantos palestinos perguntam é: por que tivemos que pagar por essa dívida nós, os palestinos, com nossa terra? Por que não se fundou o Estado de Israel com um pedaço do território da Alemanha? É claro que muitas questões geopolíticas estão envolvidas nessa pergunta. Mas a pergunta é legítima.

Ghayath Almadhoun nasceu em Damasco, Síria, num campo de refugiados palestinos, em 1979. Em 2008, com o início da Guerra Civil na Síria, refugiou-se em Estocolmo, na Suécia, país do qual hoje é cidadão. Vive desde 2019 em Berlim, na Alemanha, após uma residência literária com o prestigioso programa da DAAD. Há anos é uma das vozes poéticas mais presentes no debate em torno das relações entre Israel, Palestina e Europa. É também uma voz de destaque entre as poéticas diaspóricas de sua geração, entre os quais citaríamos ainda Athena Farrokhzad (Suécia/Irã) e Fiston Mwanza Mujila (Congo/

Áustria). Eu o conheci em 2016, em Amsterdã, na Holanda, onde estávamos ambos participando de residências literárias distintas. Desde então pude observá-lo se tornar essa voz de moderação e sanidade em meio a um ambiente político cada vez mais radicalizado e insano. Suas leituras são experiências marcantes de expressão poética oral. Sem falar sua língua, não ousarei aqui traçar paralelos entre sua poética e a de outros autores árabes. Trata-se de uma tradição riquíssima, da qual conhecemos poucos nomes, como o de seu grande conterrâneo, Mahmoud Darwish, ou o sírio Ali Ahmad Said Esber, melhor conhecido como Adonis, publicado no Brasil há alguns anos.

Mas tendo lido os poemas de Ghayath Almadhoun em outras línguas, celebro a beleza dessa tradução de Alexandre Chareti, que tornará a partir de agora disponível a poética desse amigo que admiro para a nossa República, onde outras práticas diaspóricas, como a afro-brasileira, se agitam sobre outras águas e outras terras.

Berlim, abril de 2025

Você deu em pagamento o meu país

Nós

Nós, os dispersados em fragmentos, que chovemos carne, apresentamos nossas mais sinceras desculpas a cada uma das pessoas desse mundo civilizado, homens e mulheres e crianças, porque sem que fosse nosso propósito aparecemos nas suas casas seguras sem solicitar permissão, pedimos desculpas por imprimir nossos restos mortais em suas memórias brancas como a neve, e por termos manchado a imagem do ser humano natural perfeito nos seus olhos, porque, com todo o descaramento, pulamos de repente nos boletins de notícias e nas páginas de internet e de jornais, nus senão pelos nossos sangues e os restos carbonizados dos nossos corpos, pedimos desculpas a todos os olhos que não se atreveram a olhar diretamente para as nossas feridas para não ficarem arrepiados, e pedimos desculpas a todos que não conseguiram terminar o jantar depois de terem sido surpreendidos pelas nossas imagens frescas na televisão, pedimos desculpas pelas dores que causamos a todos que nos viram assim, sem embelezamento ou pontos ou remontagem dos nossos restos e partes antes de aparecermos nas telas, pedimos desculpas também aos soldados israelenses que se deram ao trabalho de apertar os botões dos seus aviões e tanques para nos transformarem em pedaços, pedimos desculpas a eles pelas imagens horríveis em que nos transformamos depois que eles apontaram as suas bombas diretamente para as nossas cabeças moles, e pelas horas que agora passarão em clínicas psiquiátricas para que possam voltar a ser humanos como eram antes de nos transformarem em pedaços nojentos, que os assombram sempre que tentam dormir, somos as coisas que vocês viram nas telas e nos jornais, e se vocês trabalharem duro para juntar esses restos como um quebra-cabeça, vocês ganharão uma imagem clara de nós, tão clara que vocês não serão capazes de fazer coisa alguma.

2008

A cidade

Se o caminho para Ítaca é mais bonito que Ítaca,
o caminho para Damasco não é mais bonito que Damasco.

1.

A cidade se parece com as rugas, dobradas umas sobre as outras como os corpos dos esquecidos nas celas de presídios do terceiro mundo, ela é protuberante como uma memória perfurada, ilustre como roupa de festa, escandalosa como os fios de um tapete persa, essa cidade sempre me fascinou pela aglomeração, uma classe fode uma classe que fode outra, reproduzindo-se sem gestação, uma cidade que cobre o rosto com uma burca e descobre as pernas bronzeadas, a cidade me corta quando tento seduzi-la indo e vindo todos os dias, e eu a corto como os líderes da revolução do proletariado cortam primeiramente as cabeças das classes privilegiadas e, depois, as cabeças dos seus próprios amigos, eu a corto com a paciência de um camelo, com o ímpeto de uma Kalashnikov e a luxúria de um gafanhoto diante de um campo pela manhã.

A cidade se parece com as memórias, vaga, mas faz cócegas timidamente na verdade, sobrecarregando nosso sono com mais desejos e nosso despertar com mais perguntas, como o funeral de estranhos em cidades estranhas, despertando pena sem apertar a mão da tristeza, ela geme à noite como se estivesse aflita pela partida, arranha a pele das nossas conversas com as unhas de uma saudade vaga, depois deita-se na cama ao nosso lado, e quando acordávamos no meio da morte ao som dos seus soluços, ela cobria a cabeça com um travesseiro, e os sonhos desabavam.

A cidade se parece com turistas, com sua pressa, com suas câmeras digitais e sandálias que não conhecem a linguagem das calçadas no Norte frio de onde vieram, com a alegria de alfândega deles e seus cigarros de haxixe que eles negam e se renegam quando voltam para as terras de gelo, ela se parece com eles na cor dos seus bronzeados falsos depois que seus ossos beberam Sol e vitamina D, e que suas câmeras beberam a cidade.

A cidade se parece com vendedores de loteria com seus rostos mortos, com seus relatórios para o serviço de inteligência após o aumento do pão, ela se parece com eles plantando sonhos pelas estradas, prometendo milhões aos transeuntes enquanto seus filhos mamam água e ganham fome.

A cidade se parece com seus sete portões, abertos e sem vigilância como as camas das prostitutas, fechados e sem um raio de luz como os túmulos dos mortos.

A cidade se parece com Damasco.

2.

Aqui a cidade está deitada de costas, o Sol arde em sua pele aumentando sua palidez e o barulho chega às suas extremidades, da nascente do rio ao meio da alma, ela estica seu cordão umbilical que não foi cortado e arremessa seus pobres para as margens, pobres que sempre que tentam amá-la caem sobre as rodas da sua expansão, esses arranhões que habitam sua pele são suas estradas que se entrelaçam com providências não divinas, e aquela nuvem preta que envolve o seu pescoço é o resultado da sua hesitação crônica em parar de fumar, meu Deus, como posso escalar os seus seios com vista para as rugas? Sobre eles repousam da encosta ao mamilo casas cinzentas aglomeradas geometricamente desde a descoberta casual do prazer entre um homem e uma mulher até a civilização — é incrível como um seio pode ser chamado de montanha sem o uso de uma metáfora — e uma trilha aberta por quem passou sem amar seus inimigos, a qual permanece como uma lápide transmitindo a história, aqui está a cidade fresca como se não tivesse precedido o alfabeto em inúmeros desastres, cercada por muros que não lembram um cerco, e se você reparar quase poderá ouvir um eco fraco dos primeiros *Homo erectus* que beberam sua água e alguns deles se infiltraram hereditariamente no teu sangue contaminado por canções, ela é o primeiro cemitério que as pessoas celebraram como evidência das memórias, passo por ela e me estranho, então ela passa por mim e estranha minha feição, eu a vejo nos rostos dos estranhos que pertenceram a ela, então nos reconhecemos na presença da ilusão, ela é a velha como um fóssil, e eu sou o novo como o fim da história, eu seguro o vestido dela como uma criança, e ela segura meu coração como uma mulher, então cometemos o poema, sou o sonhador que caça poesia, e ela é a realista que dá à luz os filhos mas não os cria, eu sou o mortal, e ela é a eterna remanescente, eu sou o fatalista saturado de coisas sobrenaturais, e ela é uma realista ateia, não há consolo para mim, e não há dano para ela, exceto que por acaso somos amantes.

3.

Descendo a estrada para a cintura dela, deparo-me com a dúvida, que caminha em direção à absoluta certeza, e quase toco a borda lisa da suposição, quebro o cofrinho do tempo e retiro três dias e umas poucas horas que são os momentos de alegria que juntei durante a minha vida que ainda está viva, a Kalashnikov herdada de um comunista que passou ao acaso pelo meu ferimento ainda pesa no meu ombro direito, e por isso meu ombro esquerdo ficou mais alto e arrogante, e a lama dos meus dias ficou mais mole indicando o mergulho lento, e quanto à laranjeira que aparece repetidamente nos meus sonhos semelhante ao gosto de Gaza com uma leve tendência para o azedo que lembra o ar de Damasco, sua interpretação é difícil para o Wikipedia, mas não é difícil para Ibn Alarabi, no final do caminho que leva à *Via Recta*, acompanho Ananias até a casa de Judas, caminhamos maravilhados com os detalhes que caem do céu por falhas técnicas da engenharia do Senhor, encontramo-nos com os mártires que esperam no saguão quem responda as suas questões existenciais sobre o significado de espremê-los com seus inimigos em uma mesma sala sob uma faixa escrita "somos todos mártires", essa cidade come a carne do seu irmão e arrota empanturrada pela multidão, essa cidade é murada com histórias e orações dos aflitos com a piedade, essa cidade não cortou o cordão umbilical que a ligava à morte, afiando sua faca a cada noite na espera do massacre que se aproxima, queria eu ter o calor de um motor de carro no teu inverno triste ou o frescor de um túmulo no teu verão amargo, ó deserto de cimento, ó cidade que bebe chá ao ritmo da batalha e dança a dança da derrota sobre os cadáveres dos seus filhos perdidos, amém.

4.

Não há na minha aljava luz suficiente para distribuir aos cegos de Maeterlinck, os muros cercam o significado dentro da minha alma assim como a cidade cerca minhas memórias, ah, minha alma fiel, ah, meu corpo ateu, confessarei agora meu pecado original, todos os meus poemas que cravei na carne dos teus dias como uma faca enferrujada não são meus poemas, eu os roubei dos esquecidos e dos que perderam a memória, eu os recolhi das camas brancas dos hospitais e dos gemidos dos torturados, eles são a memória das mulheres sacrificadas diante da masculinidade de Deus, os gorgolejos dos que morreram de frio no meio da canção, eles são um sonho quando está desprovido de sonhadores, sim, eles não são meus poemas, eles são as memórias petrificadas de pessoas que viveram antes de um tempo imemorial, cujos nomes não conhecemos mas as quais carregamos nas nossas feições desbotadas, eles são desejos

não realizados, risadas usadas, eles não são meus poemas, eles são o suspiro dos afogados e dos enforcados, as almas que fluíram de pequenos buracos feitos pelas armas...
eles não são meus poemas...
n ã o s ã o m e u s p o e m a s.

5.

Não apenas eu,
todos somos estranhos,
se não, como vocês explicariam a cidade?

6.

O poeta que eu conheci numa taverna em Damasco, ...
...
o lobo comeu.

7.

Do início do corpo até as fronteiras do desejo, a noite cai ferida por ferida, e eu me refugio na luz, as mulheres escondidas nas suas *jalabiyas* me lembram do machismo do mundo, então me apoio na feminilidade para sobreviver, e o cansaço que corre atrás dos transeuntes me arrasta para as profundezas, essa cidade não se parece com uma festa, mas há nela um mistério que nos atinge com uma felicidade passageira, ela não se parece com a morte, mas é governada pelos finais, ela é a injustiça distribuída por uma justiça escandalosa, o sonho de emancipação da mulher, o suspiro de Deus, a cabeça de João Batista que corre chorando em nossas noites, ela é a aliança entre o poema e o carrasco, entre o cheiro das paredes frescas e o aroma das vielas que levam ao princípio, ela é Damasco, o casamento de sangue sem fim, a dança de Salomé que chove dias sobre nossos dias, o fim que começa agora, a oração da minha mãe encharcada de lendas, os minaretes que tocam os dedos de Deus, sua voz tem um sabor semelhante à cor da poesia, seu corpo tem a topografia do pecado, ela é Damasco que me deu à luz e caiu sob a bala de um atirador, então nascemos juntos, eu a puxo para mim, e a música cessa, ela me puxa para ela, e o poema me machuca, "Ó vós que credes! Não vos aproximeis da Síria, a não ser quando estiverdes embriagados, pois ela é propensa à sonolência"*, ela tem as canções assassinadas e os detalhes da profecia e o cheiro da revelação, e nós temos o sufismo sob seu umbigo nu, nós somos seus filhos desobedientes que se perderam no Norte, e ela é nossa mãe que só nos amamentou com o medo, então herdamos a Sura dos poetas, ela é Damasco, a maçã de luz, o livro da tristeza e as cartas de Ibn Alarabi que ainda não chegaram.

2011

---

* Paráfrase da Sura das mulheres (*annissa'*), ayah 43, "Ó vós que credes! Não vos aproximeis da oração, enquanto ébrios, até que saibais o que dizeis...", segundo Tradução do sentido do Nobre Alcorão para a língua portuguesa. Trad. (Helmi Nasr). Medina: Complexo de impressão do Rei Fahd, 2005. (N. do T.)

فِي مدينةٍ أُعيد إعمارها مثل برلين، يكمن السِّرُّ الذي يعرفه الجميع، وهو أنّ الـ...

لا، لن أكرّر ما هو معروف، لكنّني سأُخبركم بما لا تعرفون. ليست مشكلة الحرب فيمن يموتون، مشكلتها فيمن يبقون أحياء بعدها.

Detalhes

Você sabe por que as pessoas morrem
quando são perfuradas por uma bala?
Porque 70% do corpo humano é feito de água.
É exatamente como se você fizesse um
buraco numa caixa d'água.

* * *

Era um confronto aleatório dançando no
fundo do beco quando eu passei?
Ou um atirador que me observava e
contava meus últimos passos?

* * *

Era uma bala perdida?
Ou eu que estava perdido, apesar de ter
um terço de século de idade?

* * *

Isso é fogo amigo?
Como é possível?
Se eu não fiz amizade com nenhum fogo antes.

* * *

Você acha que fui eu quem passou no
caminho da bala e a atingi?
Ou foi ela que passou no meu caminho e me atingiu?
Como eu posso saber o momento em que
ela passa e por qual caminho ela irá?

* * *

O cruzamento com uma bala é considerado
uma colisão no sentido tradicional?
Como a que acontece entre dois carros?
Meu corpo e meus ossos sólidos
esmagarão suas costelas também?
Causando sua morte?
Ou ela sobreviverá?

* * *

Você tentou me evitar?
Meu corpo estava macio?
E aquela coisinha pequena como uma fruta silvestre
sentiu sua feminilidade na minha masculinidade?

* * *

O atirador mirou em mim sem sequer se preocupar em
saber que eu era alérgico a balas de atirador, o que é
uma alergia de primeiro grau e pode levar à morte.

* * *

O atirador não pediu minha permissão antes
de atirar, e isso é uma clara falta de decoro que
se tornou um erro comum atualmente.

Eu estava procurando a diferença entre revolução e guerra quando uma bala atravessou meu corpo, então apagou-se uma chama que havia sido acesa por uma professora do primário da Síria em parceria com um refugiado palestino que pagou com as suas terras uma solução para o antissemitismo na Europa e foi deslocado para onde conheceu uma mulher semelhante às memórias.

Era uma sensação maravilhosa, como tomar um sorvete no inverno, ou fazer sexo sem camisinha com uma mulher desconhecida em uma cidade desconhecida sob efeito de cocaína, ou...

Um transeunte me conta metade do que deseja dizer, e eu acredito nele, depois nos esfaqueamos como dois amantes, uma mulher me faz sinal para segui-la, eu vou, e damos à luz uma criança que parece a traição, o atirador me mata, e eu morro, o céu cai sobre os transeuntes, os turistas fogem, o céu cai sobre os transeuntes, mas meu coração não foge, o céu cai para cima, então um poeta comete suicídio coletivo em seu quarto, embora ele estivesse sozinho naquela noite.

Naquela noite o esquecimento me atacou de surpresa, por isso comprei a memória de um soldado que não havia retornado da guerra, e quando notei o desequilíbrio do tempo, não consegui encontrar um exilado digno do meu ferimento, então decidi não morrer novamente.

A cidade é mais antiga que as lembranças, a maldição está cercada pela depressão, o tempo está atrasado, os muros emparedam a época com monotonia, a morte se parece com o meu rosto, o poeta se apoia numa mulher em seu poema, o general desposa minha esposa, a cidade vomita sua história, e eu engulo as ruas, e a multidão me engole, eu, que distribuo meu sangue para os estranhos e divido a garrafa de vinho com a minha solidão, peço a vocês, enviem o meu corpo por correio expresso e distribuam os meus dedos igualmente entre os meus amigos.

Esta cidade é maior que o coração de um poeta e menor que o seu poema, mas ela basta para que os mortos se suicidem sem incomodar ninguém, para que os semáforos floresçam nos subúrbios, para que o policial se torne parte da solução e as ruas apenas um pano de fundo para a verdade.

Naquela noite, quando o meu coração vacilou, uma mulher damascena me agarrou e me ensinou o alfabeto do seu desejo, fiquei perdido entre o Deus que o xeique tinha plantado no meu coração e o Deus que eu tinha tocado na cama dela naquela noite.
Minha mãe só é quem sabia que eu não voltaria.
Minha mãe só é quem sabia.
Minha mãe só.
Minha mãe.

Vendi meus dias brancos no mercado negro e comprei uma casa com vista para a guerra, a vista era tão maravilhosa que eu não resisti à tentação, então meu poema se desviou dos ensinamentos do xeique, e meus amigos me acusaram de isolamento, passei *kohl* nos olhos e meu arabismo aumentou, bebi leite de camela no sonho e acordei como poeta, eu observava a guerra, como os afligidos pela lepra observam os olhos das pessoas, e cheguei a verdades aterrorizantes sobre a poesia e o homem branco, sobre a estação de migração para a

Europa, sobre as cidades que recebem turistas nos dias de paz e combatentes da fé nos dias de guerra, sobre as mulheres que sofrem muito nos dias de paz e se tornam combustível para a guerra nos dias de guerra.

Numa cidade reconstruída como Berlim, esconde-se o segredo que todos sabem, que é...
Não, não vou repetir o que se sabe, mas contarei o que vocês não sabem: o problema da guerra não está naqueles que morrem, o problema está naqueles que permanecem vivos depois dela.

Era a guerra mais linda em que já me meti na vida, cheia de metáforas e imagens poéticas, lembro-me de como eu suava adrenalina e urinava fumaça preta, de como eu comia minha carne e bebia gritos, a morte com seu corpo franzino se debruçava sobre a destruição cometida pelo seu poema, limpando a faca do meu sal, e a cidade esfregava os meus sapatos com a sua noite, então a estrada sorria, e a cidade contava os dedos da minha tristeza e os deixava cair na estrada até ela, a morte chora, e a cidade se lembra das feições do seu assassino e me envia uma facada pelo correio, ameaçando-me de alegria, e pendura o meu coração no seu varal esticado entre duas lembranças, e o esquecimento me puxa para mim, profundamente em mim, profundamente, então minha língua cai sobre a manhã, as varandas caem sobre as canções, os lenços sobre os beijos, as ruas sobre os corpos das mulheres, os detalhes dos becos sobre a história, a cidade cai sobre os cemitérios, os sonhos sobre as prisões, os pobres sobre a alegria, e eu caio sobre a memória.

Quando me tornei membro da União dos Mortos, meus sonhos melhoraram e comecei a praticar o bocejo livremente e, apesar dos tambores de guerra cantando perto do meu corpo inchado, encontrei bastante tempo para fazer amizade com um cachorro de rua, que escolheu não comer o meu cadáver, apesar da sua fome, e contentou-se em dormir aos meus pés.

Várias pessoas tentaram me resgatar, mas o atirador argumentou com seu rifle, e elas mudaram de ideia, ele era um atirador honrado, trabalhava honestamente e não perdia tempo nem pessoas.

Aquele pequeno buraco.
Que resta depois que a bala passa.
Esvaziou meu conteúdo.
Tudo estava fluindo tranquilamente.
As memórias.
Os nomes dos amigos.
A vitamina C.
As canções de casamento.
O dicionário árabe.
A temperatura 37.
O ácido úrico.
Os poemas de Abu Nuwas.
E o meu sangue.

No momento em que a alma começa a escapar através do pequeno portão aberto pela bala, as coisas ficam mais claras, a teoria da relatividade se torna algo evidente, as equações matemáticas que eram obscuras ficam fáceis, os nomes dos colegas de escola que esquecemos voltam à memória, a vida em todos os seus detalhes de repente se ilumina, o quarto da infância, o leite materno, o primeiro arrepio, as ruas do campo de refugiados, a foto de Yasser Arafat, o cheiro de café com cardamomo dentro de casa, o som da chamada para a oração matinal, Maradona no México em 1986, e você.

Como se você estivesse comendo os dedos da tua amada, como se você estivesse amamentando um fio elétrico, como se você estivesse tomando uma vacina contra estilhaços, como se você fosse um ladrão de lembranças, venha, para desistirmos da poesia, para trocarmos as canções do verão por gaze médica e poemas da colheita por fios cirúrgicos, deixe a tua cozinha e o quarto das crianças, e siga-me para tomarmos chá atrás dos sacos de areia, o massacre pode acomodar todos, coloque os teus sonhos no galpão e regue bem as plantas da varanda, que a discussão com o ferro pode demorar, deixe para trás Rumi, Averróis e Hegel, e traga com você Maquiavel, Huntington e Fukuyama, que precisamos deles agora, deixe a tua risada e a tua camisa azul e a tua cama quente, traga as tuas unhas e os teus dentes e a faca de caça, e venha.

Jogue fora a Renascença e traga a Inquisição.
Jogue fora a civilização europeia e traga a Noite dos cristais.
Jogue fora o socialismo e traga Joseph Stalin.
Jogue fora os poemas de Rimbaud e traga o tráfico de escravos.
Jogue fora Michel Foucault e traga o vírus da AIDS.
Jogue fora a filosofia de Heidegger e traga a pureza da raça ariana.
Jogue fora o Sol de Hemingway que ainda brilha
e traga uma bala na cabeça.
Jogue fora a Noite estrelada de Van Gogh
e traga sua orelha decepada.
Jogue fora o Guernica de Picasso
e traga a verdadeira Guernica com seu cheiro de sangue fresco.
Precisamos dessas coisas agora,
precisamos delas para começarmos a celebração.

2012

Como eu me tornei...

A tristeza dela caiu da sacada e se quebrou, por isso ela precisava de uma tristeza nova, quando a acompanhei ao mercado, os preços das tristezas estavam absurdos, então recomendei a ela que comprasse uma tristeza usada, encontramos uma tristeza em bom estado, embora estivesse um tanto grande, conforme nos informou o vendedor, havia sido de um jovem poeta que se suicidou no verão passado, ela gostou da tristeza, e decidimos levá-la, discutimos o preço com o vendedor, e ele disse que nos daria de presente gratuitamente uma preocupação que remontava aos anos sessenta se comprássemos a tristeza, concordamos, e eu fiquei alegre com essa preocupação que não estava nos nossos planos, ele percebeu minha alegria e disse: "é sua", coloquei a preocupação na minha bolsa e partimos, à noite me lembrei da preocupação, retirei-a da bolsa e examinei, era de alta qualidade e estava em boas condições apesar do meio século de uso, o vendedor deve ignorar o seu valor ou não a teria dado para nós em troca da compra de uma porcaria de tristeza de um jovem poeta, o que mais me agradou é que ela era uma preocupação existencial, um trabalho de fino artesanato com detalhes extremamente delicados e belos, que só pode ser de um intelectual enciclopédico ou de um ex-detento, quando comecei a usá-la a insônia passou a ser a companheira dos meus dias, e eu me tornei um dos defensores das negociações de paz, parei de visitar os parentes, os livros de memórias da minha biblioteca aumentaram, e não voltei a expressar uma opinião senão raramente, o ser humano se tornou para mim mais precioso que a nação, e comecei a sentir um tédio geral, mas o que mais me chamou a atenção foi que me tornei um poeta.

2013

Mulheres

Mulheres que pisaram as uvas desde o início da história.

Mulheres que foram presas com cintos de castidade
na Europa.

Bruxas que foram queimadas na Idade Média.

Escritoras do século XIX que assinaram com
nomes masculinos para poderem publicar.

Coletoras de chá no Ceilão.

Mulheres de Berlim que reconstruíram a cidade
depois da guerra.

Cultivadoras de algodão no Egito.

Argelinas que espalharam fezes em seus corpos
para não serem estupradas pelos soldados franceses.

Virgens dos charutos em Cuba.

Guerrilheiras de Black Diamond na Libéria.

Dançarinas de samba no Brasil.

Aquelas que perderam o rosto com ácido no Afeganistão.

Minha mãe.

Eu sinto muito.

2013

Não posso estar presente

No Norte, próximo à cerca de Deus, desfrutando o desenvolvimento civilizacional, a mágica da tecnologia e os mais recentes modos da vida urbana que a humanidade alcançou, sob o efeito entorpecente que a segurança, o seguro de saúde, a seguridade social e a liberdade de expressão garantem, estiro-me sob o Sol do verão como se eu fosse um homem branco, e penso sobre o Sul, inventando desculpas para a minha ausência, imigrantes, nômades e refugiados passam por mim, moradores originais e falsificados e sonegadores de impostos passam, alcoólatras e novos-ricos e racistas, todos eles passam diante de mim enquanto estou sentado no Norte pensando no Sul, e crio histórias fictícias para encobrir a minha ausência, e como eu não posso estar presente.

Sim, não posso estar presente, pois a estrada entre o meu poema e Damasco está interrompida por razões pós-modernas, entre elas a de que meus amigos estão ascendendo a Deus com uma aceleração constante mais rápida que a velocidade de processamento do meu computador, e algumas delas se referem a uma mulher que conheci no Norte e que me fez esquecer o leite da minha mãe, e algumas delas estão relacionadas aos peixes do aquário que não teriam ninguém para alimentá-los na minha ausência.

Não posso estar presente, pois a distância entre a minha realidade e a minha memória confirma que Einstein tem razão, e que a energia que emana do meu desejo é igual ao produto da massa multiplicada pela velocidade da luz ao quadrado.

Não posso estar presente, mas sou capaz de estar ausente, sim, posso estar ausente com elevada destreza, tornei-me profissional nos últimos tempos, passei a ter uma agenda onde eu organizo os compromissos da minha ausência e passei a ter lembranças que ainda não aconteceram.

Posso estar ausente, como se eu não existisse, como se eu fosse o nada, como se o ar nunca houvesse antes entrado nos meus pulmões, e eu não tivesse inimigos, como se eu fosse uma perda de memória concentrada, como se eu fosse um coma contagioso.

Não posso estar presente, porque agora estou ocupado com a guerra fria em que me engajo diariamente junto ao isolamento, com o bombardeio aleatório da escuridão, com a depressão sistemática e os ataques de solidão que têm por alvo a cozinha, com os *checkpoints* que ficam entre mim e o verão, com a burocracia decorrente da separação dos poderes executivo e legislativo, com a rotina do departamento fiscal, você me contou longamente sobre a guerra, deixe-me contar a você um pouco sobre a paz que desfruto aqui no Norte, deixe-me contar a você sobre os tons da cor da pele, sobre o significado de as pessoas não saberem pronunciar o teu nome, sobre o cabelo preto, sobre a democracia que favorece sempre os ricos, sobre o seguro de saúde que não inclui os dentes porque eles não são uma parte do corpo, deixe-me contar sobre os vegetais que não têm gosto, sobre as rosas que não têm cheiro, sobre o racismo envolto num sorriso, deixe-me contar sobre as refeições rápidas e os trens rápidos e os relacionamentos rápidos, sobre o ritmo lento e a tristeza lenta e a morte lenta.

Você acreditaria em mim se eu te dissesse que os meus sapatos estão cansados e que dentro de mim há um lobo que eu não consigo conter depois que ele sente o cheiro do sangue, você acreditaria em mim se visse em meu corpo as marcas das balas que atingiram os meus amigos lá, enquanto eu estava aqui sentado atrás da tela do computador, você crê em coincidências, que minha ausência é uma coincidência planejada com cuidado extremo, um golpe aleatório estudado, descobri por coincidência que não é uma coincidência que ocorra uma coincidência, mas sim uma coincidência que ela não ocorra. O importante é que você acreditaria em mim se eu jurasse pela música, juro pela música que uma permissão de residência na Europa pode nos afastar da morte por balas, mas nos aproxima do suicídio.

Bem, vou te contar a verdade, vou contar por que não posso estar presente, isso aconteceu numa noite de verão, quando no caminho para casa me deparei com uma mulher triste, ela carregava na mão uma floresta, e na bolsa uma garrafa de vinho, eu a beijei, e ela engravidou no décimo primeiro mês...

Não é isso o que me impede de estar presente, vou te contar a verdade, Damasco me pegou na cama com outra mulher, tentei consertar a situação, dizendo que o acontecido não passou de um capricho e que não se repetiria, jurei por tudo, pela Lua, pelos fogos de artifício, pelos dedos das mulheres, mas tudo acabou, então fugi para o Norte...

Não é isso o que me impede de estar presente, vou te contar a verdade, quando eu era criança, não sabia nada sobre economia de mercado, agora depois que me tornei cidadão de um país de primeiro mundo eu não sei nada sobre economia de mercado...

Não é isso o que me impede de estar presente, vou te contar a verdade, quando eu estava prestes a chegar, minha bolsa colidiu com as últimas notícias, então minha língua se quebrou em pedaços, e os transeuntes a pilharam, e eu não tenho mais língua...

Não é isso o que me impede de estar presente, vou te contar a verdade, estou morto, sim, morri há vários anos...

Não é isso o que me impede de estar presente, vou te contar a verdade...

2013

Massacre

O massacre é uma metáfora morta que come os meus amigos, come-os sem sal, eles eram poetas e se tornaram Repórteres Com Fronteiras, eram cansados e ficaram muito cansados. "Eles atravessam a ponte ligeiramente pela manhã"* e morrem fora da área de cobertura telefônica, eu os vejo com binóculos de visão noturna e acompanho a temperatura dos seus corpos na escuridão, lá estão eles, fugindo dele para ele, rendendo-se a esta formidável massagem, o massacre é a verdadeira mãe deles, enquanto o genocídio é praticamente um poema clássico escrito por generais instruídos reformados, o genocídio não serve para os meus amigos, pois ele é um trabalho coletivo organizado, e os trabalhos coletivos organizados lembram-lhes da esquerda que os desapontou.

O massacre acorda cedo, dá banho nos meus amigos com água fria e sangue, lava suas roupas íntimas e prepara pão e chá para eles, depois ensina-lhes um pouco de caça, o massacre é mais compassivo com os meus amigos do que a Declaração Universal dos Direitos Humanos, abriu uma porta para eles, quando outras portas estavam fechadas, e os chamou pelo nome quando os boletins de notícias procuravam um número de vítimas, o massacre é o único que lhes concede asilo, independentemente das suas origens, ele não se importa com a situação econômica deles, não se importa se eles eram intelectuais ou poetas, ele olha as coisas de um ângulo neutro, ele tem as mesmas feições mortas que eles, os nomes das suas esposas viúvas, ele passa pelas áreas rurais e pelos subúrbios, e aparece como eles de repente nas últimas notícias, o massacre se parece com os meus amigos, mas sempre chega antes que eles nas aldeias remotas e nas escolas de crianças.

O massacre é uma metáfora morta que sai da televisão, que come os meus amigos sem sequer uma pitada de sal.

2013

---

* Verso do poema *A ponte* (*aljisr*), do libanês Khalil Hawi (1919-1982). (N. do T.)

No momento que antecede a bomba

No ano passado, os poemas de Ezra Pound cometeram suicídio na minha biblioteca. Eles não suportavam mais ficar na mesma seção que O Executor.

No momento que antecede o ponteiro dos segundos, quando a bomba ainda paira no ar, os assassinados param de dançar, a casa para de se encostar no cimento da casa dos vizinhos, as xícaras de café param de se juntar uma ao lado da outra no armário da cozinha.

No momento que antecede a mudança do TNT do estado sólido para o estado gasoso, ouço o teu silêncio claramente, é uma mistura de chuva com memórias, posso tocar o som das bombas pelo Skype, bebo os teus dedos, eu te amo, depois eu parto, eu te amo, depois permaneço, eu te amo, depois a música no rádio se desfaz, o noticiário se desfaz, as religiões monoteístas se desfazem, a poesia situada entre nós na foto de família se desfaz.

No momento que antecede a ambulância, brotam penas nos corpos das crianças, para elas voarem longe, são os caracteres adquiridos sobre os quais falou Lamarck, e que os cientistas desmentiram, é um milagre de Deus que nunca acontecerá.

No momento que antecede o noticiário, eu recebo algumas coisas grátis, por exemplo: um sexto dedo na minha mão, então não tenho mais um dedo do meio, para erguer na cara de vocês; feições de jovens árabes enchendo as ruas da velha Europa, aumentará o número de pessoas que se levantam no metrô, para os velhos sentarem nos seus lugares; um novo restaurante de falafel em Estocolmo, acharemos excelente depois de uma noite qualquer de bebedeira; um novo assento para os racistas no Parlamento, o que nos dá um motivo adicional para combater o neonazismo.

Naquele momento que antecede o silêncio, eu chacoalho as árvores de pão, para que meus amigos não passem fome, eu a chacoalho, e teu rosto cai, e meu rosto cai, e as Nações Unidas caem, e a Declaração Universal dos Direitos Humanos cai, e a UNESCO e a Cruz Vermelha e a Anistia Internacional caem, e a Human Rights Watch cai, e o Conselho de Segurança e os Repórteres Sem Fronteiras e os Médicos Sem Fronteiras caem, e o Movimento dos Países Não-Alinhados e o Tribunal Penal Internacional caem, e a liberdade de expressão cai, e o primeiro mundo e a democracia caem, e os direitos das mulheres caem, tudo cai, e o lobo vence.

No caminho para o matadouro, um policial de trânsito me
multa por causa do alto teor de álcool no meu sangue:
— O que você bebeu?
— Os dedos da minha amada.
Por que esperamos o salário no final do mês?
Por que esperamos pelos bárbaros?
Por que esperamos pelo Papai Noel, pelo Salvador e pelo
ônibus?
Esse mundo está caminhando diretamente para a comédia,
e você dorme até o meio-dia,
como se a bomba não antecedesse a notícia urgente,
esse mundo está caminhando diretamente
para a regulamentação da prostituição,
— Minha cara senhora, já experimentou trabalhar como prostituta?
— Não!
Talvez você ainda não tenha experimentado morrer de fome, essas duas questões estão relacionadas, elas vêm juntas em uma mesma caixa, oferta especial, pegue uma e leve a outra gratuitamente.

Para ser bem breve, eu te amo, mas os meus poemas
decidiram partir para o Norte.
— Você deseja uma cama quente numa cidade fria?
— Não, eu prefiro uma cama fria numa cidade quente, pois
o inferno é o mesmo que o paraíso, mas sem os amigos.

2014

Esquizofrenia*

---

* *Esse poema foi escrito após uma visita de duas semanas à cidade de Ypres, que coincidiu com o aniversário de cem anos do primeiro ataque com armas químicas da história, ocorrido nos campos de Flandres durante a Primeira Guerra Mundial, e o texto foi escrito para o projeto Citybooks Ypres em colaboração com a Casa* flamengo-holandesa *deBuren.*

Ypres:
Na cidade de Ypres, que fica no meio dos campos de Flandres, assim como um dedo médio levantado na cara do mundo fica no meio da mão. Na cidade de Ypres, que foi apagada do mapa na Primeira Guerra Mundial, assim como o povo palestino foi apagado dos livros escolares e dos registros históricos. Na cidade de Ypres, e não tenho certeza do que é mais poético e apropriado para o contexto, se dizer cem anos após a sua destruição, ou cem anos após a sua reconstrução. Na cidade de Ypres, onde você pode colocar a mão na história estendida à tua frente como um cadáver, tocar a ferida, para descobrir que ela ainda está quente como o mamilo de uma mulher, derretendo entre os teus lábios, eu caminho, o refugiado palestino que até pouco tempo atrás estava excluído de todos os livros e notícias e pesquisas acadêmicas e inquéritos, porque todos sabemos que a Palestina é uma terra sem povo... hahahahahaha...

De qualquer forma, eu, o refugiado palestino que não existia nesse mundo civilizado, caminho como um arqueólogo, que veio do outro lado do oceano acompanhado de uma missão de exploração colonial, cruzando metade do globo terrestre, para ver de perto a selvageria do *Homo sapiens* e desfrutar o êxtase de provar que Hannah Arendt estava certa quando destacou a banalidade do mal. Eu, o refugiado palestino sírio sueco, visto uma calça jeans da marca Levi's, inventada por um judeu imigrante da Alemanha em São Francisco, e encho minha câmera com fotos, como uma camponesa russa enche um balde de leite debaixo da sua vaca, balançando minha cabeça afirmativamente como quem entendeu a lição, a lição de guerra. Eu, o palestino disperso entre vários massacres, fico aqui nu, tentando vestir meu poema, na esperança de que ele esconda minhas feridas, recolho desordenadamente meus pedaços daqui e dali, para ser uma testemunha. Eu, o palestino violento segundo clichês e estereótipos, oriundo de um país famoso pelas guerras, como afirmam os orientalistas, encontro-me aqui diante de você, atingido por um sentimento de extrema vergonha, sim, extrema vergonha pela pequenez das guerras que ocorreram no meu país diante das guerras formidáveis que ocorreram no teu país, as pequenas e insignificantes guerras do meu país diante da enorme e avançada máquina das tuas guerras que reduz tudo a pó, diante das tuas armas criativas que transformaram a guerra em arte, diante das tuas guerras coloridas que não deixam pedra sobre pedra, diante dos teus maravilhosos massacres, homem branco.

Na cidade de Ypres, que fica no meio dos campos de Flandres, assim como o Oriente Médio fica no meio de problemas, o penoso legado da guerra se transforma em turismo de sucesso, tudo tem um prazo de prescrição, exceto em Ypres, aqui a memória da guerra cresce com o passar do tempo, conforme a recordação da guerra come os turistas e cresce, come os veteranos e cresce, come os narradores e os netos dos homens que foram mortos aqui e cresce, come a memória de quem ainda não nasceu e cresce como uma parreira, restos de armas encontrados nos campos são exibidos nas vitrines das lojas e dos cafés, fotos em preto e branco dos combatentes de bigodes pontudos, parecidos com a lâmina de uma faca, são encontradas em todos os lugares, tudo na cidade está conectado com a morte, o túmulo do soldado desconhecido é uma ferida aberta, a música tocada todas as noites há mais de oitenta anos é como uma hemorragia ininterrupta, os campos que contém memórias de homens, que mataram aqui por motivos que desconhecem, e aqueles desafortunados, que nasceram depois da guerra e não testemunharam seu esplendor, assombrados por suas histórias de tanto que as escutaram, em cujos olhos você vê — se olhar um pouco mais de perto — uma grande esperança de que outra guerra ocorrerá, e a certeza de que isso acontecerá, uma certeza absoluta baseada no que conhecem da raça humana, e essa é a única coisa que os mantém equilibrados.

Nota de rodapé 1:
Nos Estados Unidos ela foi chamada de A Guerra Europeia, mas, ao lado dos europeus, também asiáticos, africanos e americanos morreram nela, e na Europa foi chamada de A Grande Guerra, no entanto não há nada de grandioso nela, e eles não imaginavam que seriam obrigados a mudar o nome de A Grande Guerra para Primeira Guerra Mundial mais tarde, quando começou a Segunda Guerra Mundial, pois até aquele momento o mundo era romântico e ingênuo, ninguém imaginava que uma discoteca coletiva começaria duas décadas após o fim dessa dança ocasional, ninguém acreditava em Marx quando ele afirmou que a história se repete, na primeira vez como tragédia, na segunda como farsa, e isso se assemelha muito com o que aconteceu na Europa: a tragédia da Primeira Guerra Mundial e o carnaval da Segunda Guerra Mundial.

Na cidade de Ypres, onde a história pode olhar para você com olhos de ferro e te segurar pela barra da camisa com a mão relaxada, onde os últimos cem anos se confundem em você, que não consegue mais perceber onde está, onde homens com bigodes que parecem asas de pássaros caminhavam satisfeitos para a morte, 600 mil homens espalhados pelos campos dissolveram-se no chão, suas memórias escorreram para o solo conforme se decompunham, infiltraram-se nos vegetais e no leite das vacas e nas flores de papoula, contaminaram as planícies com melancolia, e com um sentimento vago que afligiu com uma luxúria repentina as mulheres que passavam, o que foi interpretado por seus maridos como alergia de primavera, e interpretado pelos poetas como um *déjà-vu*, homens com bigodes que parecem asas de pássaros leram o meu poema antes que eu o escrevesse, enquanto se entretinham enrolando seus cigarros, vi um deles colocando o dedo na ferida do seu amigo e me lembrei de São Tomé, e ele me viu, então se lembrou de si mesmo, homens com bigodes que parecem asas de pássaros, eles ainda estão lá, passado um século, e eles ainda estão lá, suas mães estão mortas e enterradas, e eles ainda estão lá, suas amadas envelheceram solitárias com outros homens, e eles ainda estão lá, presos no espaço-tempo, seus sapatos presos na lama, suas armas enferrujaram, sua munição foi estragada pela água, o gás de cloro continua se expandindo e expandindo, até chegar a Damasco. Na cidade de Ypres, a história pode olhar para você com olhos de ferro, e o passado se confunde com o presente e com o gás, o gás nos pulmões daqueles que morreram aqui se confunde com o gás nos pulmões daqueles que morreram nos subúrbios de Damasco um século depois, ninguém aprendeu a lição, ninguém aprenderá a lição.

Nota de rodapé 2:
Fritz Haber, químico judeu alemão, descobriu o fertilizante duas vezes: a primeira quando misturou nitrogênio e hidrogênio, para produzir explosivos, tentando descobrir um meio novo de matar a maior quantidade possível de pessoas, então descobriu o amoníaco, que foi utilizado na fertilização de campos, salvando milhões de pessoas da fome, e recebeu o prêmio Nobel de Química, hahahahahaha. A segunda vez foi quando descobriu o gás de cloro, causou a morte de milhares de soldados por asfixia e transformou seus corpos em fertilizante para os campos de Flandres.

Nota de rodapé 3:
Em 22 de abril de 1915, os alemães, na presença de Fritz Haber, lançaram 5.730 cilindros de gás de cloro sobre soldados dos aliados nos campos de Flandres, milhares foram mortos por asfixia. A esposa de Haber, Clara Immerwahr, que também era uma química judia alemã, suicidou-se dias depois do ataque com gás por se opor veementemente ao vergonhoso papel do seu marido na criação de armas químicas. Na manhã seguinte ao suicídio dela, Haber saiu de casa para se preparar para o primeiro ataque com gás químico contra os russos na frente oriental.

Nota de rodapé 4:
Mais tarde Haber completou suas pesquisas, ele tentava provar para os alemães que ele era alemão, e seu trabalho abriu a porta para uma das piores coisas da história, o gás Zyklon A, posteriormente desenvolvido em Zyklon B, que os nazistas utilizaram durante a Segunda Guerra Mundial para exterminar a maior quantidade possível de judeus nas câmaras de gás, entre eles alguns dos parentes de Fritz Haber.

Nota de rodapé 5:
Em 1933, Fritz Haber partiu da Alemanha para a Grã-Bretanha, devido às leis nazistas contra os judeus, em 1934, estava a caminho da Palestina, para trabalhar para um instituto britânico de ciências, e morreu durante a viagem em um hotel na cidade de Basileia.

Em Ypres, o esplendor da natureza te engana à primeira vista, então você morde a isca, a paz misturada ao gramado dos campos que recobre as trincheiras, a justa paz, aqui está ela rastejando até você, sua mão que carrega a faca está escondida sob o casaco, a primeira facada não te surpreenderá, mas a segunda facada te surpreenderá, a monotonia da morte te surpreenderá, a repetição enfadonha de homens caindo enquanto correm tropeçando em balas, a monotonia das lições que ninguém aprende além daqueles que morreram te surpreenderá, a beleza da batalha te surpreenderá, o ritmo que os canhões tocam, as cores que voam com cada projétil que beija o chão, o zumbido no ouvido, a música dos metais tocando o hino nacional para a morte, a orquestra dos batimentos cardíacos, é uma grande oportunidade de descobrir a crueldade dos homens e a ternura do ferro.

Ypres, ó cidade que esconde um grande túmulo, ó vala coletiva que veste a máscara de uma cidade, de fato, não sei como dizer, mas estou certo de que não precisamos de outro túmulo para o soldado desconhecido, acredite em mim, precisamos de um túmulo para o motorista de ônibus desconhecido, aquele imigrante do Chile, que morreu sozinho em sua cama, de quem ninguém sentiu falta, ou um túmulo para o vendedor de falafel desconhecido que nasceu de barriga cheia no Sul e morreu faminto no Norte, precisamos de um túmulo grande para as mulheres desconhecidas, mulheres cujo sangue escorre pelas frestas das paredes das casas, e que tentamos esconder com tinta, cujos gemidos suaves ouvimos nas noites de verão, enquanto fingimos estar distraídos, que atravessaram a história nas pontas dos pés, para não acordar a fera, que sofreram em silêncio acreditando que Deus ficaria irado se elas dissessem não, que foram comidas pelo patriarca, enquanto nos contentávamos com o silêncio total, porque somos covardes.

É a Primeira Dança Mundial, o convite é geral, o salão de dança é aberto ao ar livre, uma performance ocasional, caiu o cano de uma arma, um camponês o encontrará após cem anos e pensará que é uma flauta, caíram os dentes de um jovem soldado atingido pelos fragmentos de uma borboleta, ninguém os encontrará, caiu uma bomba em um cemitério, e os soldados foram mortos novamente, caíram os sonhos daqueles que pensavam que iam voltar, e pequenos pedaços de ferro voltaram, com seus nomes gravados, a Primeira Dança Mundial, caiu uma cidade com uma bala perdida, caíram todos os dançarinos, todos, caíram os músicos, caiu o pássaro que estava na árvore, caiu a árvore, e a maçã de Newton permaneceu suspensa no ar, não há gravidade aqui, o que segura o sapato dos soldados é apenas a lama, e eu sou o único sobrevivente desse massacre maravilhoso, eu sou a testemunha que chegou atrasada, observando as lápides tranquilamente, meu choque diante da sua banalidade assemelha-se ao choque delas diante de um visitante inesperado, uma testemunha de um país onde seus filhos não estão autorizados a prestar testemunho, uma vítima visitando os túmulos das vítimas.

— Você veio aqui para aprender com as lições da civilização ocidental sobre como matar a maior quantidade possível de homens com o que de mais avançado alcançou a civilização?
— Não.
— Você veio aqui para aprender com a experiência da morte gratuita de 600 mil homens, que se tornaram fertilizante para flores de papoula?
— Não.
— Você precisa descobrir um novo modo de reciclagem de soldados, que possibilite a reutilização deles em outras guerras?
— Não.
— Você está aqui para aprender a matar?
— Não, estou aqui para aprender a morte.

Damasco:
Eu caminhava para a morte quando os combatentes me pararam, então me revistaram e encontraram meu coração comigo, havia muito tempo que eles não viam um coração com seu dono, um deles gritou: "ele ainda está vivo", então eles decidiram me condenar à prisão perpétua, eu vi mulheres de branco, que pareciam enfermeiras, mas elas estavam suspensas no ar, as injeções de morfina me levaram a batalhas de um tipo diferente, onde as árvores eram azuis e a água era verde como as laranjas, eu vi mulheres vestidas de branco, olhando para mim e desaparecendo no vazio, as injeções de morfina me transportaram para corredores localizados entre Damasco e Estocolmo, então me encontrei sentado esperando o ônibus, pensando num país onde as pessoas morrem nas suas camas rodeadas pela família, onde não existem propagandas da Coca-Cola nem fotos de mulheres magras nuas em todos os lugares, eu sonho que estou segurando uma lua azul na minha mão e que a estrada é verde, que eu bebo água fria em julho na varanda de um apartamento, com a vista do Monte Qasioun para Damasco, que meu coração está comigo, e que meus amigos ainda estão vivos, que nos encontraremos à

noite no restaurante Normandy, depois vagaremos pelas ruas da cidade antiga quando estivermos sem dinheiro, que eu sou um rebelde e o poema está do meu lado contra a história, eu sonho com mulheres, meu Deus, como eu gosto das mulheres, aprendi mais com as mulheres do que com a escola, e aprendi com a guerra mais do que com a paz, e posso assegurar a vocês que muitos soldados se tornam criminosos de guerra e muitos poetas se tornam criminosos de paz, e que a notícia boa na guerra é quando não há notícia ruim, e que aqueles que perderam a guerra são os que morreram, dos dois lados, e que na infância a guerra suga o sangue dos soldados, quando ela cresce assa seus coturnos em fogo baixo, e que ela morre quando eles sobrevivem.

Nota de rodapé 6:

Penso na Palestina, a terra que inventou Deus e causou a perda de milhões de vidas em nome de Deus, a terra do leite e do mel, na qual não há leite nem mel, a terra santa, pela qual travamos guerras santas, e onde fomos derrotados em derrotas santas, e de onde fomos deslocados em deslocamentos santos, pela qual morávamos em campos de refugiados santos, pela qual morremos uma morte santa, eu penso nela e sou assombrado pela voz do xeique que repetia com uma linha do Alcorão tudo o que eu perguntava: "Ó vós que credes! Não pergunteis por cousas que, se vos fossem divulgadas, vos afligiriam"*, e ainda me pergunto: Qual deles está mais distante da Terra, Júpiter ou a solução de dois Estados? Qual deles está mais próximo da minha alma, um soldado do meu país ou um poeta dos meus inimigos? Qual foi a pior coisa que Alfred Nobel fez, a dinamite ou o Prêmio Nobel?

---

* Trecho da Sura da mesa provida (*almai'dah*), ayah 101, segundo Tradução do sentido do Nobre Alcorão para a língua portuguesa. Trad. (Helmi Nasr). Medina: Complexo de impressão do Rei Fahd, 2005. (N. do T.)

Estocolmo:
Bem, agora estou em Estocolmo, desfrutando o conforto em um país que não entra em guerra a duzentos anos, onde tudo acontece silenciosamente, a alegria, a tristeza, o silêncio, até a violência acontece em silêncio, mas em vez de ser afligido pela Síndrome de Estocolmo, fui afligido pela Síndrome de Damasco, e essa é outra história, que precisa de um outro poema para ser contada, porque na verdade ela não existe. O importante é que eu não me importo mais com detalhes secundários, não memorizei até agora o número do ônibus que leva à tua casa, mesmo assim eu sempre chego até você e me enfio na cama ao teu lado, já não me lembro como teu corpo mudou a minha compreensão de locais e direções, basicamente não sei onde essa casa está localizada exatamente, está num lugar qualquer no mapa, eu não uso o GPS para o amor, incomoda-me o fato de ele saber o caminho para tua casa melhor do que eu, eu te amo com uma calma mortal e caio sobre você de uma altura elevada, mas lentamente, muito lentamente, como se eu estivesse usando o recurso câmera lenta, caio de amor por você, assim, como caem os soldados pela bala, como caem os preços na bolsa, como caem os muros do apartheid, como caem as cidades sitiadas.

Eu me lembro do início, quando eu te comi no teatro, quando me perdi em você, e os transeuntes tiveram pena de mim, quando uma macieira caiu da tua bolsa, e nosso lance ficou evidente, quando o sexo se tornou o dono da situação, e eu me tornei hostil como um relógio de parede na sala de espera. Não troquei a lâmpada queimada na entrada da tua casa, como prometi há um ano, mas mudei as minhas opiniões sobre a civilização ocidental, outra mulher vai me mudar outra vez no futuro, *incha'Allah*.

Eu me enfio na cama ao teu lado, e você finge que está dormindo, mas eu sinto o cheiro de sexo dos teus mamilos eretos, então sei que você está mentindo, mentindo, e que você deseja que eu tome a iniciativa e te devore, pois isso satisfaz a visão orientalista e o estereótipo que longos anos de colonização criaram sobre o Oriente em geral e sobre o jovem árabe em particular, mas com toda a malícia do beduíno que mora dentro de mim, eu frustro tuas expectativas e solto minhas pobres ovelhas, para pastarem diante do teu lobo faminto, e aguardo, e aguardo, e aguardo... o lobo da tua luxúria não frustra minhas expectativas, dilacerando a carne da minha ovelha sobre a tua cama branca que se parece com um deserto sueco de neve, o cheiro do teu seio interage com a luz amarela do quarto, gerando dióxido de sonolência, eu transpiro até que os poemas árabes e suecos se misturem em mim, não me importo mais com detalhes secundários, e não me importa uma cidade onde você não mora, não me importa um país onde você não está.

Nota de rodapé 7:
A estrada para Damasco está cheia de memórias, e eu estou cansado desde que o acampamento me amamentou com leite em pó das Nações Unidas e me sobrecarregou de asilo.

A estrada para Damasco que deixei em 2008 já não me tenta, porque, depois que experimentei o sabor da liberdade, não pude mais me esconder atrás das metáforas, para escapar dos informantes.

A estrada para Ypres está pavimentada com cadáveres, e eu estou cansado desde que meus primos me mataram e me deixaram para as aves comerem.

A estrada para Estocolmo está fechada, devido ao acúmulo de neve.

A estrada para a guerra está tranquila, e há nela uma pequena parada, onde descem aqueles que estão se dirigindo ao massacre, descansam um pouquinho e se abastecem de água, bebem chá, enquanto conversam sobre os motivos da morte sistemática, pela manhã eles seguem caminho, continuam o debate com balas, e eu sigo preso entre as contradições, a testemunha que chegou atrasada, o mártir que não chegou, o assassino e o assassinado, o criminoso e a vítima, eu sou o índio vermelho, eu sou o índio azul, eu sou o índio verde, eu sou o palestino preto, e essa guerra necessita um poema, para que a metáfora não nasça morta, para que a morte não se torne tão pesada quanto um forno de bronze empoleirado na história. A morte não pode me dar um país, e se pudesse, eu não o quero. Ypres foi um pesadelo que terminou há cem anos, Damasco é um pesadelo acontecendo agora, e eu estou preso em Estocolmo. Os poemas que eu escrevi em Damasco foram executados por soldados, os poemas que eu escrevi em Ypres não embarcaram comigo no avião, e os poemas que moram comigo em Estocolmo sofrem de uma grave deficiência de vitamina D.

Ypres:
A guerra está atrás da porta.

Damasco:
Às três da madrugada, mísseis carregados com gás sarin caem em vários locais dos subúrbios densamente povoados de Damasco, as pupilas dos olhos se contraem, a visão se expande e os corpos das crianças tremem de forma sistemática, tremem violentamente, é um terremoto de um tipo diferente, em que as casas ficam paradas, e os corpos é que chacoalham, é um tremor moral, que atinge esse mundo.

Estocolmo:
A cidade está tranquila.

2015

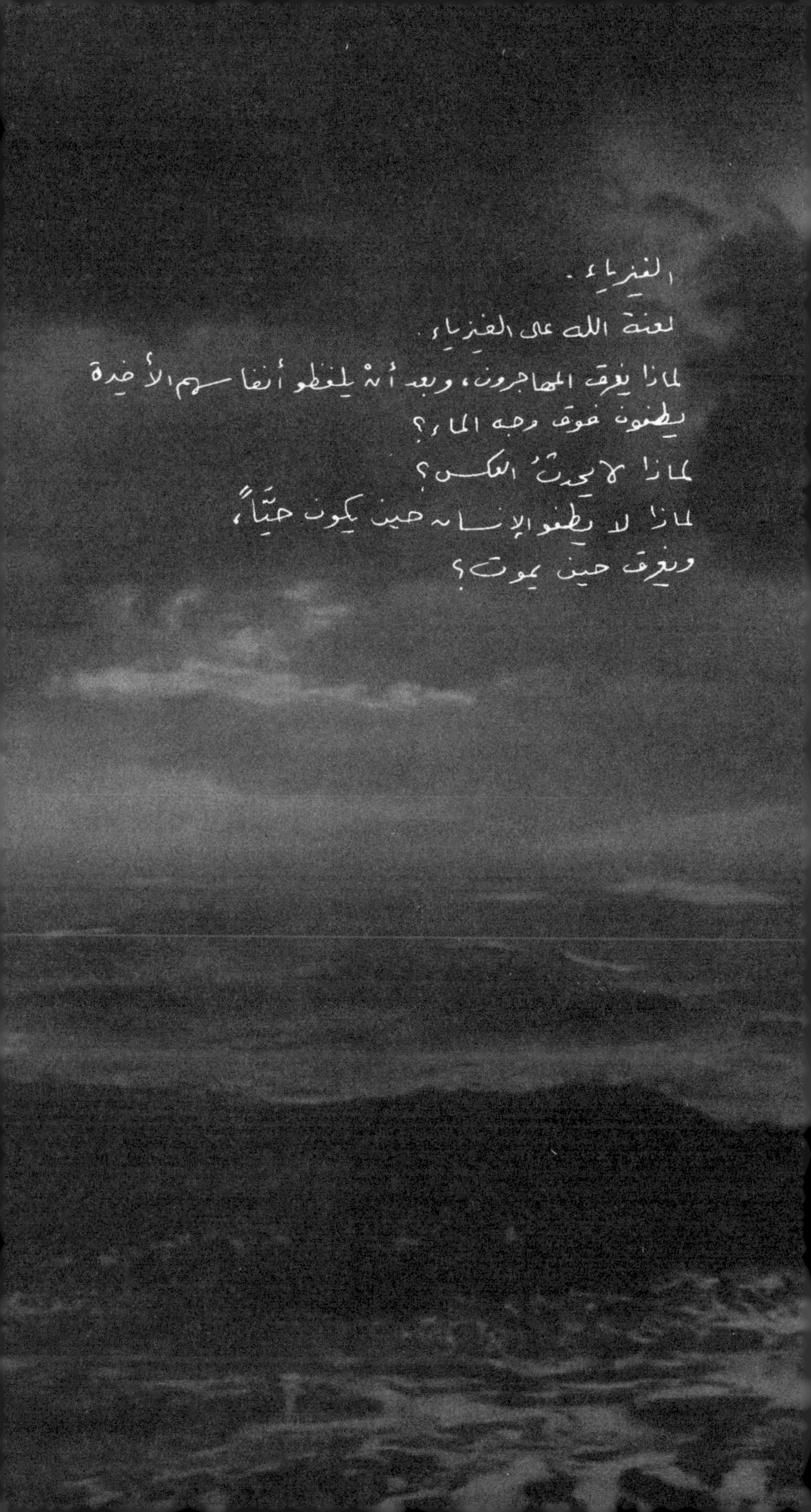

الفيزياء.

لعنة الله على الفيزياء.

لماذا يغرق المهاجرون، وبعد أن يلفظوا أنفاسهم الأخيرة
يطفون فوق وجه الماء؟
لماذا لا يحدثُ العكس؟
لماذا لا يطفو الإنسان حين يكون حيّاً،
ويغرق حين يموت؟

A capital*

—

* *Esse poema foi escrito para o projeto Citybooks Antuérpia (www.citybooks.eu) em colaboração com a Casa flamengo-holandesa deBuren.*

Qual é a capital da República Democrática do Congo?
— Antuérpia.

Nesta cidade que se alimenta de diamantes.
O arame farpado cresce nos versos dos poetas.
Os compromissos morrem no calendário.
Minhas mãos param de tocar teus lábios.
Os policiais param de rir.
O táxi cujo motorista foi morto pela bala de um *sniper* em
Damasco para em frente à estação central da Antuérpia.
O terrorismo para no PlayStation.
E eu me seguro pelo braço e paro de parar.
Penso no espaço entre meus lábios e a tua pele.
Como se eu não tivesse nascido no campo de refugiados
palestinos de Yarmouk, em Damasco, no ano de 1979.
Como se você não tivesse nascido na Via Láctea.

Nesta cidade onde limpam o sangue dos diamantes com o
mesmo cuidado com que os médicos limpam o sangue de
uma ferida de quem salvaram a vida.
Passo com leveza, como um tanque passa no asfalto.
Carregando meus poemas como um vendedor ambulante.
Cada vez que caminhava em direção ao mar, eu era devorado
pelo deserto que saía das malas dos imigrantes.
E do meu passaporte que ninguém reconhece exceto você.

Sou dono dos poemas que falam sobre a morte, como se
falassem de esperança.
E sobre a guerra, como se Deus existisse.
Desde que meus amigos morreram, tornei-me um lobo
solitário.
Eu encurralo a alegria num canto e pisoteio como um inseto
nocivo.
Meus amigos que foram mortos sob tortura estão sentados ao
meu lado com toda a sua elegância, como se estivéssemos em

uma festa de recepção.
E minha mãe me procura através dos fios.
Para ter certeza de que ainda estou mijando neste planeta.

Limpei meu quarto de qualquer vestígio da morte.
Para que você não se sinta mal quando eu te convido para uma taça de vinho.
Porque mesmo eu estando em Estocolmo.
Ainda estou em Damasco.

Nesta cidade que se alimenta de diamantes de sangue.
Lembro-me do casamento de sangue.
Lembro-me do esquecimento.
Estou no meio de uma foto de grupo em preto e preto que reúne poetas que se foram dali.
As notas de rodapé que você deixou ao lado dos meus poemas me deixam triste.
Meu coração se transforma em um espantalho de madeira para afugentar os pássaros de Hitchcock.
Meu coração inocente que não suporta.
Torna-se duro como as palavras francas.
A rua vira um caderno.
Você é a única que pode transformar a rua em um caderno.
Você segura inocentemente a minha mão, para passarmos o ano novo.
Então colapsa o Banco Mundial.
E a classe média fica contra os imigrantes.
O segurança fica armado com a história, traçando uma barreira entre a periferia e a alegria.
A cor da pele fica como um posto de controle entre nós.
Entre o porto que importa a liberdade.
E a rua que vai do cemitério até o quarto.
A guerra não me cansou.
E sim os poemas que falam sobre a guerra.
As cidades frias não me cansaram.

Mas aqueles poemas que falam das cidades frias comiam os meus dedos.
E eu não consigo dançar sem os meus dedos.
Não consigo apontar para o Oriente sem eles.
Um ataque cardíaco mata o relógio de parede.
E meus amigos atestam falsamente que a vida é maravilhosa.
Esta cidade colapsa para dentro, como um buraco negro.
Quero dizer, um buraco verde.
E a rua corre de medo.
Essa é a primeira vez que vejo uma rua correndo na rua.
Essa é a última vez que verei uma casa que se apoia no riso triste da mulher que esqueci na cozinha, para permanecer de pé.
E no cheiro dos temperos que foram espalhados pelo míssil, para permanecer viva.
Os vizinhos fugiram sem fechar as janelas abertas para o massacre.
Sem fechar o livro de receitas que estava aberto na página 73.
Os pássaros da árvore vizinha mudaram-se para a casa.
Eles moravam no armário entreaberto da cozinha.
Serão mortos por um morteiro calibre 120 mm fabricado na União Soviética em 1987 para combater o imperialismo.
O canário morreu de fome na gaiola.
É guerra.
Os canários morrem de fome nas suas gaiolas quando o seu carcereiro desaparece.
Seu carcereiro que saiu de casa e não voltou.
A casa que desabou sobre os versos dos poetas traídos pela sua pátria.
O país deles, de onde choravam e pelo qual começaram a chorar.
Aqui estão eles lendo suas tristezas na frente de estranhos.
Com seus poemas eles quebram o tempo.
Com as mãos eles tocam os sinos.
No entanto, ninguém tem tempo de ouvir o eco, exceto alguns dos mortos.

A garçonete do bar inicia uma discussão comigo sobre o direito dos sírios de morrerem de maneira adequada, quando o corpo está inteiro.
Em um único pedaço.
E sobre a solidão.
Sobre o direito de uma pessoa encontrar alguém para dormir ao seu lado à noite.
E deixá-la dormindo quando for trabalhar pela manhã.
Sem pedir que ela saia.
Bem.
Vamos tirar das nossas costas esse saco cheio de pedras.
E gritar em voz baixa pelo teclado.
Somos nós que assinamos no asfalto.
Declaramos que estamos cansados.
E que independentemente do passado de onde viemos.
Sofremos da mesma merda.
Eu também, assim como você, moro sozinho num apartamento com três janelas.
Duas com vista para Antuérpia.
A terceira é uma tela de computador com vista para Damasco.
— Você já visitou Damasco?
— Não.
— Bem, vou tentar descrevê-la para você, a temperatura no verão é de 37 graus Celsius, é a cidade onde a temperatura no verão corresponde à temperatura do corpo humano.
— Você já visitou Antuérpia?
— Não.
— Bem, vou tentar descrevê-la para você, é um diamante de sangue brilhando por trás das fachadas iluminadas de branco, seu brilho reflete as sombras de um homem negro que o encontrou em Kinshasa e que depois foi encontrado morto pela bala de seu amigo, para que uma mulher de Montreal pudesse usá-lo num anel, com uma pedra de diamante polida em Tel Aviv, foi dado a ela por seu marido,

nascido em Buenos Aires, durante uma viagem ao deserto do Arizona, para que ela o perdoasse por tê-la traído com sua amiga sul-africana quando ele lavava dinheiro em Dubai.
— Você conhece as diferenças e semelhanças entre o deserto e a lavagem de dinheiro?
— Não.
— A diferença é que o deserto precisa de água, mas a lavagem de dinheiro não.
— E a semelhança?
— A semelhança é que a lavagem de dinheiro é uma lavagem a seco, tão seco quanto o deserto que há no Arizona.

Bem, não há como negar que eu nado em você, como uma borboleta nada no magma.
E eu te alimento com minhas palavras, para que você cresça aos poucos, assim como cresce a área de destruição causada pela colisão da tua tristeza com os meus dias.
Tua presença na minha vida teve um impacto negativo na poesia pós-moderna do hemisfério Norte do globo terrestre.
E devo reconhecer que muitos dos meus poemas expiraram, devido ao súbito aparecimento das tuas metáforas neles.
E que através das tuas campanhas sistemáticas para adicionar notas de rodapé aos meus textos, você contribuiu para criar um buraco no reservatório em que a língua árabe é preservada.
E que você me reviveu com premeditação e vigilância.
Este é um crime com pena prevista na Constituição dos poetas.
E que teus detalhes espalhados pela minha casa despertam minha vontade de arremessar a televisão pela janela.
E de me sentar, para poder te observar enquanto você mata o tempo.
Admito também que muitas coisas suspeitas começaram a acontecer desde que senti o cheiro dos teus seios.
Por exemplo:

Quebrei várias taças de vinho durante o período em que você
se mudou para minha casa.
A maioria delas cometeu suicídio pulando da minha mão
enquanto eu tentava lavá-las das marcas do teu batom.
Roubei um tempo, para fazer meu dia ter 25 horas.
Inventei minhas feições para parecer feliz.
Eu amei você.
Eu disse em uma entrevista à imprensa depois de te conhecer
que só menti duas vezes na minha vida.
E essa foi minha terceira mentira.
Apesar de toda a tragédia feliz por que passa minha vida.
Você se recusou a dar o tiro de misericórdia na minha cabeça
quando eu implorei que o fizesse.
E você me deu uma nova vida.

Você me acusa de falta de objetividade nos meus poemas, bem, eu não fui objetivo durante a minha vida toda, sempre fui tendencioso e usei dois pesos e duas medidas, fui tendencioso em relação aos negros diante do racismo, em relação à resistência diante dos ocupantes, em relação às milícias diante dos exércitos, fui tendencioso em relação aos índios diante dos homens brancos, em relação aos judeus diante dos nazistas, em relação aos palestinos diante dos israelenses, em relação aos imigrantes diante dos neonazistas, em relação aos ciganos diante das fronteiras, em relação aos povos originários diante dos colonizadores, em relação à ciência diante da religião, em relação ao presente diante do passado, em relação ao feminismo diante do patriarcado, em relação às mulheres diante dos homens, em relação a você diante das mulheres, em relação a Kafka diante da rotina, em relação à poesia diante da física...

...

...

...

A física.
Deus amaldiçoe a física.
Por que os imigrantes se afogam e, depois de darem o último suspiro, flutuam na superfície da água?
Por que não acontece o contrário?
Por que uma pessoa não flutua quando
está viva e afunda quando morre?
Bem.
Chamemos as coisas pelos seus nomes.
Os livros são cemitérios para os poemas.
As casas são tendas de cimento.
Os cães são lobos que aceitaram a humilhação.
O tapete de oração me lembra o tapete voador.
Meu quarto caiu de amores pelos teus sapatos verdes.
Eu me afogo em você, como os sírios se afogam nos mares.
Oh, meu Deus.
Veja onde a guerra nos levou.
Mesmo nos meus piores pesadelos, não me ocorreu.
Que um dia.
Eu diria em um poema:
Eu me afogo em você, como os sírios se afogam nos mares.

Cada bomba que cai sobre Damasco rasga
uma página de um livro de Descartes.

Quando nascemos.
A vida era colorida.
As fotos eram em preto e branco.
Hoje as fotos são coloridas.
E a vida é em preto e branco.

2015

Leite preto

Você vem dos bastidores, eu venho dos pesadelos, sorridente como se a guerra não tivesse comido o meu irmão, e naquela época, enquanto meus amigos sírios morriam sob tortura, meus amigos europeus se retiravam tranquilamente da minha ferida, que arranhava suas vidas brancas e não se enquadrava de modo algum nos padrões ocidentais convencionados para as dimensões da dor.

* * *

Naquela época, eu sussurrava ao teu ouvido o que um homem sussurra a uma mulher quando a come, e no mesmo espaço-tempo em que você dormia tranquilamente como um lago do Norte da Suécia, a guerra sentava-se à beira da minha cama como se fosse minha esposa, e os versos do Alcorão que decorei sob pancadas do professor primário eram a única coisa que me ajudava a dormir, ó Deus, o lobo comeu um pedaço do meu coração, e as bombas de barril destruíram o meu caderno. Ó Deus, o lobo me comeu de verdade, não por metáfora, e o Mediterrâneo afogou a minha água. Eu sou aquele que caminhava sobre a terra alegremente, mas eles sequestraram os meus amigos e os suicidaram em Damasco, então quebrou-se o copo de água fria que saciava a minha sede, os poetas herdaram os meus dedos, meus amigos se tornaram lembranças, salteadores de estradas já salteadas, quero dizer, salteadores de autoestradas entre cidades sitiadas pela fome e pela adrenalina, e no mesmo espaço-tempo em que desfruto a opulência no extremo Norte da Europa, num país que contém 97.500 lagos de água doce, minha mãe me conta que passa sede, então me lembro do romance O estrangeiro...

...

e tento não me lembrar de Albert Camus.

* * *

Sorridente, como se a guerra não tivesse comido o meu irmão,
eu escalo o Monte Alkarmel como uma parreira
para aparecer ao teu lado na foto de família,
e você fica ao meu lado, amarga, como a verdade,
quente como uma bala,
longa como um domingo.
Uma mulher com a memória perfurada,
de onde flui meu coração na forma de uma borboleta,
cada vez que penso sobre ela
um pensamento permitido pela religião
meu coração se recusa a submeter-se à lei islâmica,
e a poesia se recusa a me obedecer e repetir
as desgastadas metáforas dos poetas clássicos,
o banco se recusa a me conceder um empréstimo,
para eu comprar um cavalo,
os senhores da guerra se recusam a ser os senhores da paz,
as crianças se recusam a brincar comigo
quando passo na vizinhança, porque seus
pais as alertaram sobre os estranhos.
Eu não ensinarei meus filhos a temerem os estranhos,
porque eu sou um deles,
eu não direi a eles que não falem com o homem estranho,
pois aquele sou eu,
eu sou o estranho que perdeu a mão na guerra,
o viúvo cuja esposa não morreu,
o imigrante que não se afogou no Mediterrâneo,
o crente que beijou você no muro da mesquita
e fez o xeique tremer na oração com medo da ira de Deus,
o refugiado que procuraram, e encontraram suas
memórias escondidas entre respostas ardilosas,
eu que te amei selvagemente
e te beijei sem saber a diferença entre o teu rosto e o silêncio,
em volta da tua casa eu uivo como um lobo ferido,
e na tua noite completamente escura, eu brilho um
roxo leve, como a brasa de um cigarro na escuridão,

cada vez que digo o teu nome meu coração dispara,
como se eu nascesse da minha mãe novamente,
como se eu tocasse a tua cintura com a minha mão decepada,
cada vez que passo a língua na tua pele, minha poesia gagueja,
cada vez que...,
é que toco a tua nascente, para umedecer
meu coração partido pela seca,
cada vez que...,
é que bebo a tua voz umedecida pela água,
para que a sede não me mate,
é que...

* * *

As impressões digitais dos meus dedos que encontraram na tua pele, o teu sangue que molhou minha mão direita, os lobos que devoram minha cintura enquanto cheiro a tua voz, o verde que escorre da tua mão que a rosa feriu, minha língua que pronuncia o teu nome em aramaico clássico, minhas palavras cruzadas em você, como eu faria a ablução com vinho antes de te tocar, como o vigia me impediu de apanhar o mel das vespas que escorre dos teus mamilos, como meu coração acostumado a comer dedos de mulheres se torna vegetariano na tua frente, você é a Sura dos poetas, a essência das mulheres do Oriente Médio e do Norte da África, por você, reescrevo a gramática da língua árabe, em conformidade com a medida da tua cintura, e mato a metáfora morta novamente.

* * *

Olho no espelho e vejo o teu rosto,
o poema escapa das minhas mãos.
Escuto o cheiro de uma mulher comendo os meus dedos,
o mar Mediterrâneo se afoga no departamento de imigração,
a água passa sede.

Removo as tuas feições do meu rosto, para me reconhecer
então, meu caderno perde a memória.
O investigador do departamento de imigração me pergunta:
— Você é de onde?
Respondo:
— Eu não sei, mas ainda não me casei.
Então, ele recusa o meu pedido de asilo,
e as Nações Unidas recusam a cor da minha pele,
e a comunidade internacional se recusa a
olhar diretamente para a minha ferida.
E naquele momento em que o tempo
escurece como as telas de Rembrandt,
e os sentidos ficam frios como os cadáveres dos meus amigos,
você vem dos bastidores,
você vem,
assim,
sem introduções,
ou explicações,
ou interpretações lógicas,
e me concede asilo por motivos sentimentais.

* * *

Como você conhece o caminho para Damasco,
sem ter passado por ele?
Como você mata a geografia,
se a distância entre nós é metálica?
Ela se expande com o calor
e se encolhe quando eu mato a mala de viagem.

* * *

Esse mundo está caindo do sétimo andar,
e os pássaros se suicidam, para que o tempo não os preceda,

tempo que se senta entre nós como
um convidado inconveniente
e olha para você,
eu e você, e o tempo é o quarto de nós,
um homem e uma mulher nunca se reuniram,
a menos que o tempo fosse o quarto deles.

* * *

Naquela época, sabíamos que ele mataria todos nós,
mas não sabíamos que o mundo ficaria em silêncio.

* * *

Naquela época, eu estava apegado a você como se fosse um selo postal, e você tinha medo do calor do meu coração, e as pessoas nos confundiam uma vez que as minhas feições se misturavam com o teu passo, e nós nos confundíamos com as pessoas, uma vez que a cidade se tornou imprópria para a morte depois que se converteu num grande depósito para as minhas metáforas sobre você.

* * *

Naquela época, quando eu sussurrava que você era a Sura das mulheres e a mulher mais fértil do Trópico de Câncer, o terrorismo golpeava a Europa Central, e o meu coração que é capaz de suportar cinco guerras brutais gaguejava quando pronunciava o teu nome, e meus amigos europeus se retiravam tranquilamente de mim, então me lembro de como os europeus se retiraram dos seus amigos judeus há setenta anos, e me lembro do leite preto...

...

e tento não me lembrar de Paul Celan.

***

Naquela época, quando eu te amava com ternura, o terrorismo golpeava violentamente, e meu coração que é capaz de olhar diretamente para uma ferida quente sem tremer ficou macio como uma cobra, então o World Trade Center desaba vez após vez após vez na imaginação dos meus amigos europeus, a Revolução Francesa vence apenas nos livros de história, e perde nos livros de geografia, e eu me lembro do leite preto...
...
...

***

Naquela época,
quando eu te amava com ternura,
as grandes migrações atravessavam a
Europa Central violentamente,
Paul Celan emerge do rio Sena,
com a mão molhada ele toca no meu ombro
e com sua voz trêmula sussurra no meu ouvido:
Não bebam o leite preto...
não bebam... o leite... preto
não bebam...
não...
...
E desaparece entre a multidão de sírios
que caminham para o Norte.

***

Naquela época, eu ainda tentava não me lembrar
de Paul Celan, o Mar Morto estava vivo, e
a transmissão ao vivo estava morta.

2016

Damasco se afastava

Escrevi esse poema para uma mulher que eu amei, e nos separamos, agora ela tem outro homem, e eu tenho esse poema.

Quando deixei Damasco, eu estava firme no meu lugar, e Damasco se afastava, isso é exatamente o que Einstein tentou dizer na Teoria da Relatividade, e o que Whitman tentou dizer no Folhas de Relva, e o que eu tentei sussurrar no teu ouvido enquanto você tentava me amar.

Damasco se afastava, e meu coração estava cuidadosamente embrulhado numa mala de viagem, meu coração, que você conhece muito bem, uivava como um lobo no deserto da Jordânia, enquanto eu perseguia o rastro de uma fome antiga, porque eu não me saciara do amor desde que Damasco me deixou, mas a paciência é uma virtude, e Deus me ajudará.

Meu coração, que você conhece muito bem, alimentei com a rouquidão da tua voz, para aquietá-lo, e soprei nele uma nuvem de haxixe kif, para acalmá-lo, enquanto o beduíno que vestia a minha pele vagava com os árabes do Norte. Como posso me estabelecer e viver na tua casa, se Deus assegurou que eu erro por todos os vales*? Como posso, se os poemas mawwal me roubam do colo da minha mãe, e a tua cintura clara como a morte me captura do meio dos meus amigos, e eu te sigo como o amigo de Imru' Alqays o seguia, de país a país, de pessoa a pessoa? E eu fujo de você como "a pessoa foge de seu irmão, e de sua mãe e de seu pai, e de sua companheira e de seus filhos"**.

---

* Referência à Sura dos poetas (*achchu'ara*), ayat 224-226, "E aos poetas, seguem-nos os desviados. Não viste que eles vagueiam por todos os vales, e que dizem o que não fazem?", segundo Tradução do sentido do Nobre Alcorão para a língua portuguesa. Trad. (Helmi Nasr). Medina: Complexo de impressão do Rei Fahd, 2005. (N. do T.)

** Trecho da Sura de quem carranqueou (*'abassa*), ayat 34-36, segundo Tradução do sentido do Nobre Alcorão para a língua portuguesa. Trad. (Helmi Nasr). Medina: Complexo de impressão do Rei Fahd, 2005. (N. do. T.)

Damasco se afastava, e eu estava firme no meu lugar, minha bolsa fugiu correndo na minha frente, e o meu coração, repleto da retórica árabe, estava ocupado com a vida nômade, meu coração, que você conhece muito bem, cada vez que o retiro da sua caverna à noite para ver a Lua, uiva o teu nome, mas eu sou mais duro que pedra, e o meu coração, que você conhece muito bem, não se compadece.

2016

É possível que o poeta se transforme em um lobo

Ela disse a eles: "olhem para a montanha, para me verem".
Eles olharam para a mulher, para verem a montanha.
E a cidade de Damasco parecia mais próxima, sempre que eu te falava sobre ela.
Pois os corpos que vemos no espelho parecem estar mais próximos do que realmente estão.
E os corpos que carregam nossas almas se afastaram muito.
E precisaram pegar o meio de transporte mais próximo para voltarem.
E assim por diante...
É possível que o poeta se transforme em um lobo.
Se ele pensar na mulher que ama de maneira sistemática.
E talvez se torne um banco de praça, se a prosa o tocar.
E é possível que a cidade vire um camarim, nos bastidores de um pequeno teatro, numa cidadezinha, da qual ninguém ouviu falar, sem um motivo convincente.
E é possível também que eu te ame sem um motivo convincente.
Ou que eu tivesse te conhecido cinco minutos antes do homem que tocou teu coração, se eu possuísse um passaporte válido naquela época.
E talvez eu não encontre uma justificativa para o segurança do aeroporto sobre porque eu pareço mais magro do que na foto do passaporte, a não ser você.
E também é possível que todas as palavras que eu sussurrei no teu ouvido formem um provável poema erótico, se fossem reagrupadas e recicladas no ouvido de outra mulher.
E acredito que há alguma esperança de que haja alguma esperança.
Pois, até a data da redação desse texto, os sensores da física moderna não chegaram a respostas convincentes com relação ao efeito das ondas sonoras das tuas palavras no meu ouvido sobre a poesia do Oriente Médio.
Dessa maneira, é possível que eu me apaixone por você novamente.
Pois a história se repete, como disse Marx.

E é possível que nossa casa seja acolhedora para os amigos.
Ou que nossa filha tenha teus traços e meus olhos.
E é possível que eu não tivesse deixado Damasco,
naquela noite de outono de 2008.
E isso significa que nunca teríamos nos conhecido.
E que eu não teria a possibilidade de te dizer que você parece
mais próxima sempre que falo com você sobre Damasco.
Ou sempre que falo com Damasco sobre você.
Pois os corpos que vemos no espelho parecem
estar mais próximos do que realmente estão.
E os corpos que carregam nossas almas foram comidos
por um predador, chamado mar Mediterrâneo.

2016

كلّ الطرق تؤدي إلى برلين

في البدء كان قميصكِ، وكان الرجال يلفظون اسمكِ وكأنهم ينادون أمهاتهم، مررتُ بجانبكِ وأنتِ تحاولين تفسير الماء للبحارة، فأسقط من يدي، وتسرب البلل إلى دفتري. كلُّ الطرق تؤدي إلى برلين، قلتِ، فرميتُ بوصلتي وأحببتُكِ من ثالث نظرة. أتؤمنين بالحب من ثالث نظرة؟، قلتِ، لا، وكانت الأشياء معكوسة وكأنها خارجة من مرآة، فظننتها محال، ولما عدتُ إلى قومي لأبشرهم بكِ، كفروا بي، وقالوا آتنا بآية إن كنتَ من الصادقين، فلما رميتُ قميصكِ خرّوا ساجدين.

في البدء كانت قميصكِ، وكانت الأشياء معكوسة وكأنها خارجة من مرآة، كانت المدينة تسير مبتعدة عن القطار، جسد المقاتل يطير نحو الرصاصة، المدى ينظر من نافذة القطار نحو عينيّ، واللغة العربية تحاول أن تقول شيئًا من اليسار لليمين.

في البدء كانت النهاية.

٢٠١٧

Todos os caminhos levam a Berlim

No princípio era a tua camisa, e os homens diziam teu nome como se chamassem suas mães, passei por você que tentava explicar a água para os marinheiros, fiquei perplexo, e a umidade se infiltrou no meu caderno. "Todos os caminhos levam a Berlim", você disse, então joguei fora minha bússola e te amei à terceira vista. "Você acredita em amor à terceira vista?", você respondeu "não!", mas as coisas estavam invertidas como se saíssem de um espelho, por isso entendi "venha cá", e quando voltei ao meu povo para pregar as boas novas sobre você, não acreditaram em mim e pediram: "traga-nos um sinal se você for um dos verdadeiros", e quando lancei tua camisa, eles caíram prostrados de joelhos.

No princípio era a tua camisa, e as coisas estavam invertidas como se saíssem de um espelho, a cidade se afastava do trem, o corpo do combatente voava em direção à bala, o horizonte olhava os meus olhos pela janela do trem, e a língua árabe tentava dizer algo da esquerda para a direita.

No princípio era o fim.

2017

Como a esperança se tornou verde

Esperança significa lutar contra moinhos de vento, não como fazia Dom Quixote, não, porque Dom Quixote lutava contra moinhos de vento acreditando que eles eram demônios de mãos grandes. Esperança é quando você faz exatamente como eu, é lutar contra moinhos de vento sabendo exatamente que eles são meros moinhos de vento.

Eu estava tentando desconstruir a esperança até suas partes elementares, quando descobri que ela era feita de uma lua pálida que apareceu sobre Damasco nos anos 1960 e de um brilho suave que eu notei nos olhos de uma mulher que eu comi igual a uma fatia de pão numa tarde quente de Beirute em julho de 2016, isso mesmo, eu estava tentando desconstruir essa coisa subjetiva chamada esperança até seus sonhos elementares, encantado pelos detalhes, tomado pela magia alaranjada que faz as crianças desmontarem seus brinquedos, quando Jacques Derrida saiu de um casaco usado que um poeta sueco me deu num inverno escandinavo, murmurando em francês algo que parecia um gato dormindo no sofá num dia quente de Granada. Eu perguntei a ele em um árabe claro: "você nasceu na Argélia, porque não conversamos em árabe, então?" Ele respondeu em um francês claro: "não desconstrua a esperança, você acabará abandonado como Chernobyl, molhado como a água, tênue como o relincho de um cavalo árabe alazão ao cair da noite em Alandalus". Depois, acrescentou, como quem acrescenta sal num prato: "onde é a cozinha?" E no mesmo momento a-histórico em que apontei para o deserto ele disse com a familiaridade de um poeta grego falando sobre o mar: "vou preparar o café para ajudar a noite a ficar acordada". E ele acrescentou algo numa língua cujos sentidos figurados eu não reconheço, mas o Google Translator traduziu que ele estava preocupado em garantir que eu não morresse de overdose de cocaína naquela noite que se parecia com uma mulher taitiana das pinturas de Gauguin. Eu estava tentando chegar ao significado saltando o muro que me cercava quando uma lua pálida com vista para Damasco caiu sobre aquela cena que emergia de um mundo virtual, então eu descobri o desejo, e surgiu em mim uma fonte inesgotável de poemas que tentavam explicar a água e domar a esperança. Vocês se lembram de quando eu disse em um poema anterior que eu acreditava que havia alguma esperança de que houvesse alguma esperança? Bem, a situação está mais complicada agora, na última atualização de status ficou assim: acredito que há alguma esperança de que haja alguma esperança de que haja alguma esperança.

Nota de rodapé 1:
Quando as pessoas viram como os sírios morriam para que a esperança sobrevivesse, começaram a sentir vergonha do fato de não sentirem vergonha.
(corte)

A esperança é uma análise lógica de um golpe de sorte. A Divina Comédia não é engraçada. Minha mãe diz que a morte é um direito. O ditador publica uma lei que proíbe o suicídio, quem infringir a lei e tentar o suicídio é condenado à morte. O amor em tempos de cólera é um fato científico. Você mora numa cidade onde a chuva cai pontualmente, e eu moro numa cidade onde as gaivotas morrem de velhice num dia de verão, você é memórias, eu tiro uma foto em frente à Torre Eiffel que foi construída com ferro roubado da Argélia, no frio vestimos o capote de Gogol, morremos duas vezes. Quanto à sua pergunta, por que intitulei o poema "A esperança verde", o assunto tem conexão direta com os teus sapatos verdes, quando você calça teus sapatos verdes, a esperança torna-se verde, esse planeta azul se transforma em um planeta verde, meus glóbulos vermelhos tornam-se glóbulos verdes, os girassóis amarelos das pinturas de Van Gogh tornam-se girassóis verdes, o Mar Negro torna-se Mar Verde, o Mar Vermelho torna-se Mar Verde, Damasco preta torna-se verde. As nuvens, os vestidos, os dicionários são verdes e também as memórias. Quanto aos meus olhos que já são verdes ficam ainda mais verdes, e meu coração se transforma em uma floresta.

Nota de rodapé 2:
Como é bonito que uma pessoa tenha esperança onde eu moro, em Estocolmo, e Estocolmo, para quem não a conhece, é uma cidade própria aos neandertais, e é difícil para um *Homo sapiens* como eu se acostumar com a sua escuridão, e embora eu não negue que a amo apaixonadamente, esse é infelizmente um amor unilateral, porque Estocolmo não me ama de volta, e se abril é o mais cruel dos meses, como diz Eliot, Estocolmo é a mais cruel das cidades, como digo eu, mas há algo importante relacionado à esperança que Estocolmo pode oferecer a um imigrante sem esperança, pois em Estocolmo você pode comprar um bilhete de loteria por 46 coroas suecas, e no sábado, como todo sábado, o bilhete perde, então você vai e compra outro bilhete, e assim, por 46 coroas suecas você compra esperança por uma semana, e dado que o ano contém 52 semanas, você poderia comprar esperança para o ano inteiro por 2392 coroas, o equivalente a 273 dólares segundo a taxa de câmbio na data em que esse poema foi escrito. Meu Deus, como a esperança é barata.
(corte)

Nota de rodapé 3:
A funcionária do cassino me diz:
— Não se preocupe, o que acontece em Vegas fica em Vegas.
Eu pergunto a ela:
— E quanto ao que acontece na Síria?
(corte)

Esquecer é não lembrar, esperança é lembrar de coisas que não aconteceram.

2017

Ode à tristeza*

---

* Escrevi o poema *Ode à tristeza* no final de 2017, quando o Festival Internacional de Literatura, *Winternachten* (Noites de Inverno), em Haia, na Holanda, pediu-me para reescrever o hino da União Europeia, conhecido como *Ode à alegria*, composto do poema de Schiller e da música de Beethoven.

Nós te amamos, Europa, seu velho continente, não sei por que te chamam de velho, quando você é jovem comparado ao Egito e à Mesopotâmia.

Nós te amamos, Europa, e pagamos impostos como os homens brancos, e toleramos o teu humor variável que se assemelha ao teu clima e à grave deficiência de vitamina D devido à escuridão dos teus invernos, nós te amamos, e nos entristece o fato de que não vamos nos acostumar com essa escuridão total dos teus longos invernos, aqui estão nossos amigos europeus, quero dizer, teus povos originários, nascidos no teu Norte frio de pais arianos e que, assim como nós, também sofrem de depressão e deficiência de vitamina D, de acordo com a teoria da evolução, eles também são *Homo sapiens* vindos da África, mas os teus povos originários, quero dizer, os neandertais, que evoluíram durante a Idade do Gelo para resistir ao teu frio, esses estão extintos.

Nós te amamos, Europa, e não negamos que viemos até você de países atrasados do Terceiro Mundo, como você diz, eu especificamente vim de Damasco e suportei muitos clichês e estereótipos e impressões preconcebidas dos teus escritores e poetas, e embora me considere um feminista, fiquei entediado, cansado e enojado com as repetidas perguntas superficiais em relação ao status das mulheres no Oriente Médio, e aqui eu admito e reconheço que as mulheres na Síria não gozavam do direito de voto até 1949. Quanto à Suíça, a capital do teu dinheiro e do dinheiro das nossas ditaduras e suas contas bancárias secretas, não era permitido às mulheres o direito de votar nas eleições até o ano de 1971, e claro que apenas em alguns dos cantões da Suíça, o semicantão de Appenzell Innerrhoden não permitia que as mulheres votassem nas eleições até 1991, por Deus!

Nós te amamos, Europa, e amamos a liberdade que você nos deu quando viemos até você em fuga, e fechamos os olhos para o racismo que você tenta esconder debaixo do tapete quando varre a sala de recepção.

Nós te amamos, Europa, dona do passado colonial, assassina dos povos originários, sugadora do sangue dos povos da Índia ao Congo, do Brasil à Nova Zelândia.

Ó dona dos tribunais da Inquisição e queimadora de mulheres sob o argumento de que são bruxas, ó senhora do tráfico de escravos que transportou negros para o Novo Mundo, criadora da discriminação racial na África do Sul, ó fundadora do fascismo e do nazismo e inventora da solução final para exterminar os judeus, a solução final que me fez nascer refugiado no campo de refugiados palestinos de Yarmouk, em Damasco, porque você, insolentemente, deu em pagamento o meu país, a Palestina, como imposto e compensação e uma solução para o Holocausto levado a cabo pela tua população branca que acreditava na pureza da raça ariana.

Nós te amamos, Europa, e carregamos teus passaportes que nos abrem portas tão facilmente quanto tuas balas rasgaram a carne de milhões de argelinos que queriam desfrutar da liberdade exigida por tua Revolução Francesa.

Nós te amamos, Europa, amamos a tua arte e odiamos a tua história colonial, amamos o teu teatro e odiamos os teus campos de concentração, amamos a tua música e odiamos os sons das tuas bombas, amamos a tua filosofia e odiamos Martin Heidegger, amamos a tua literatura e odiamos o orientalismo, amamos a tua poesia e odiamos Ezra Pound, amamos a liberdade de expressão dentro das tuas fronteiras e odiamos a islamofobia, amamos o teu desenvolvimento civilizacional e o teu secularismo e as tuas leis justas e os direitos humanos no teu próprio território, e odiamos o teu racismo, os teus padrões duplos, o teu olhar arrogante e a tua história sangrenta.

Fique com o nazismo e nos dê Immanuel Kant
Fique com os Camisas Negras e nos dê o vinho da Itália
Fique com o genocídio na Argélia e nos dê Baudelaire
Fique com Leopoldo II e nos dê René Magritte
Fique com Adolf Hitler e nos dê Hannah Arendt
Fique com Franco e nos dê Cervantes
Fique com as tuas coisas e nos deixe pegar as nossas.

2017

Akka

O que há de mais lindo em Haifa é que de lá se avista a cidade de Akka.

Aquele que molhou os teus lábios com o vinho
não proibiu o vinho, foi você o proibido
Aquele que formou com beleza o teu brilho
algo entre o humano e um anjo esculpia
E assim que uma frase é em teus lábios proferida
fico preocupado em não entender o teu sentido
Eu, sem teu amor, sem você, sou parecido
com Akka sem o mar e sem os seus peixinhos.

2017

حجارة

خلال الانتفاضة، كنّا نأخذ قطعاً صغيرةً من فلسطين، ونرميها على الجنود الإسرائيليين، فيهربون، وكنتُ أتساءلُ منذ كنتُ طفلاً، لماذا يهربون حين نرمي عليهم قطعاً من أرض الميعاد!

٢٠١٨

Pedras

Durante a Intifada, pegávamos pequenos pedaços da Palestina e jogávamos nos soldados israelenses, e eles fugiam, e eu me perguntava quando criança por que eles fugiam quando jogávamos neles pedaços da Terra Prometida!

2018

Antropologia

Quando eu os vi exibindo homens "selvagens", que eles trouxeram acorrentados das colônias, eu soube quem era o verdadeiro selvagem.

2018

Cadeia alimentar

Qualquer semelhança entre esse poema e a ficção é mera coincidência.

Num restaurante tranquilo com vista para o mar Mediterrâneo, pedi um peixe grelhado, e tinha gosto de sírios.

2018

Évian

No ano passado, para citar um caso não isolado, um barco carregado de refugiados morreu de ataque cardíaco, e quando o primeiro navio chegou ao local do resgate, o mar Mediterrâneo já havia se afogado, encontraram a água sufocada, encontraram as ondas encharcadas pela água, encontraram a União Europeia tentando se agarrar a um pedaço de madeira dos restos do barco para sobreviver, não encontraram as crianças.

Os resultados preliminares da investigação indicaram claramente que as imagens de satélite mostraram que o barco naufragado não sabia nadar.

No noticiário das oito da noite, enquanto as águas do mar Mediterrâneo escorriam tranquilamente da televisão para os chãos de madeira das salas de estar, perturbando as famílias felizes nos países seguros e ocasionando distúrbios colaterais no desempenho sexual da maioria silenciosa na Europa Central e do Norte, abruptamente, como brotam os cogumelos nas florestas, uma mulher europeia de classe média perguntou pelo motivo da vinda deles pelo mar e não por avião após obterem o visto. Tamanha era a inocência branca que a televisão se suicidou.

Comentando o trágico incidente, o responsável pelo setor de integração do departamento de imigração disse por telefone: "o que faremos agora? O novo carregamento de refugiados que limpariam a merda dos velhos aposentados europeus morreu!"

No noticiário das oito da noite, uma apresentadora branca que nunca teve filhos disse, citando um especialista em assuntos do Oriente Médio que nunca visitou o Oriente Médio, que as crianças podem ter desaparecido por motivos pós-modernos enquanto brincavam de esconde-esconde.

Jesus de Maria, foi o único sobrevivente, encontraram-no andando sobre as águas.

Nota de rodapé 1:
Eles vão roubar nossos empregos e nossas casas, eles vão seduzir nossas mulheres, eles vão usurpar os recursos que destinamos aos pobres, vão se infiltrar entre eles criminosos e espiões, seu influxo vai abalar a estabilidade, e isso vai levar à desintegração da sociedade. Eles têm má aparência, transmitem doenças, suas normas são distintas, sua cultura é diferente, sua moral é estranha, eles não vão conseguir se integrar.

Nota de rodapé 2:
Todas as palavras racistas mencionadas na Nota de rodapé 1 não se referem à atual crise de refugiados, como lhe chamam, intencionando se referir aos refugiados sírios da atualidade. Na verdade, elas foram amplamente utilizadas pela mídia ocidental para descrever os refugiados judeus da Alemanha e da Áustria que tentaram fugir dos nazistas no período anterior à Segunda Guerra Mundial.

Nota de rodapé 3:
Em 1938, reuniram-se 32 países na Conferência de Évian para discutir a crise dos refugiados judeus da Alemanha e da Áustria. Os Estados Unidos se recusaram a aumentar a cota anual de refugiados mesmo antes do início da reunião. A Grã-Bretanha declarou que o Reino Unido não é um país de imigração. Todos os países se recusaram a recebê-los. Em 13 de julho, o jornal do Partido Nazista *Völkischer Beobachter* escreveu em tom triunfante: "Ninguém os quer" (tenho a impressão de que foi o próprio Adolf Hitler quem escreveu o artigo). Quatro meses após o fim da Conferência, os nazistas promoveram a Noite dos Cristais, depois, gradualmente começaram a resolver o problema judaico à sua maneira, o que terminou, como sabemos, com a solução final.

2019

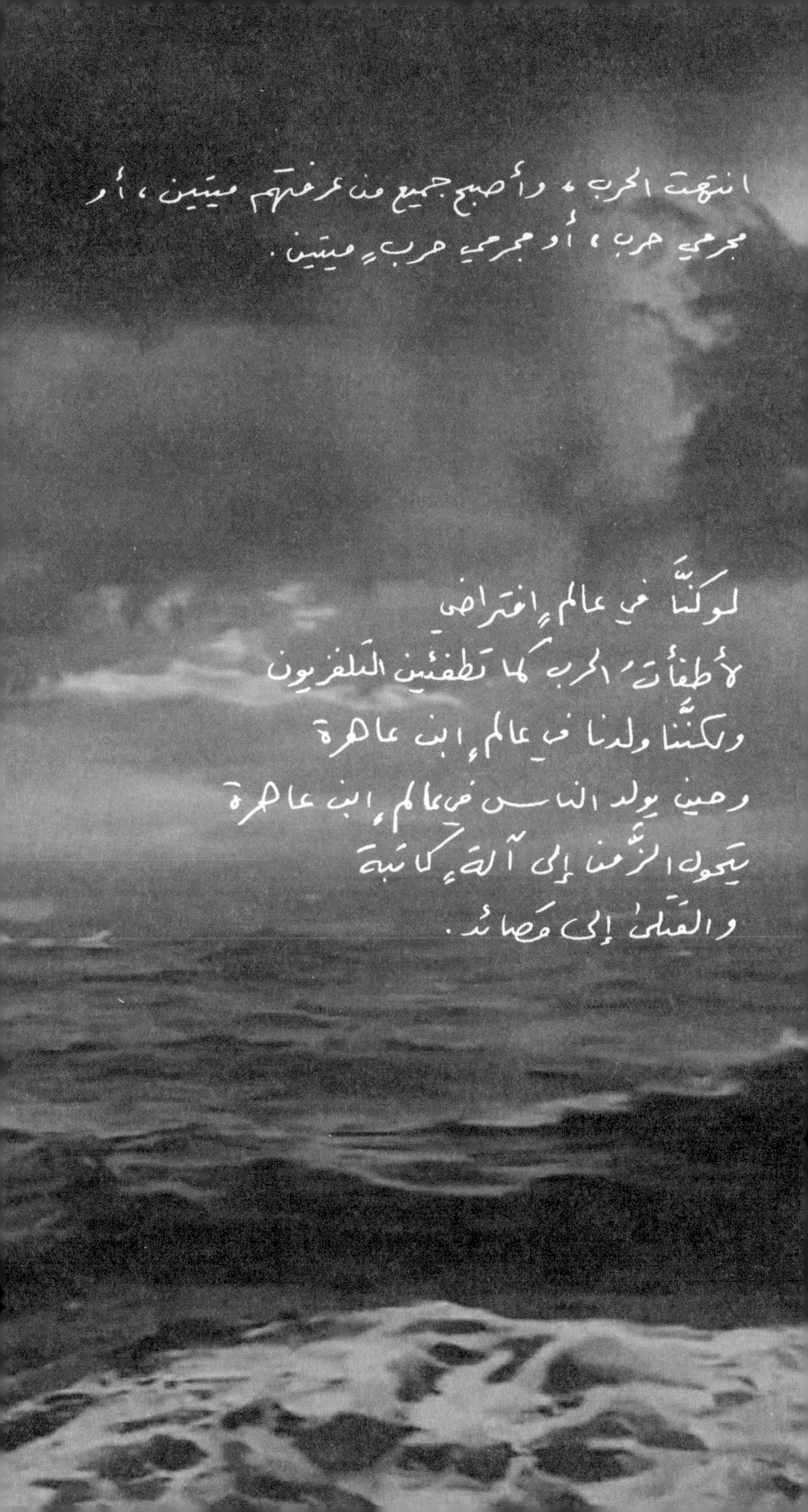

انتهت الحرب، وأصبح جميع من عرفتهم ميتين، أو مجرمي حرب، أو مجرمي حربٍ ميتين.

لو كنّا في عالمٍ افتراضي
لأطفأتُ الحرب كما تُطفئين التلفزيون
ولكنّنا ولدنا في عالمٍ ابن عاهرة
وحين يولد الناس في عالمٍ ابن عاهرة
يتحوّل الزمن إلى آلةٍ كاتبة
والقتلى إلى قصائد.

Se estivéssemos num mundo virtual

Mesmo que a janela seja virtual, os mortos são reais.
Khaled Suliman Annassiriy

1 - A guerra terminou

A guerra terminou, mas as bombas ainda caem dentro da minha cabeça.

Se estivéssemos num mundo virtual
eu teria limpado o vidro da janela que dá para a tua casa
com um jornal eletrônico, e a rosa de plástico que coloquei
sobre o túmulo do meu irmão teria crescido.

A guerra terminou, e os amigos que iam ao mercado comprar mortes frescas foram mortos no caminho.

Se estivéssemos num mundo virtual
eu teria reciclado os meus amigos
pois eu preciso de uns amigos usados.

A guerra terminou, e os mortos retornaram a salvo às suas famílias, os mártires retornaram inteiros às suas mães, as mães retornaram às casas, retornaram as casas, as ruas, as mesquitas, os olhos, os pés, as partes dos corpos aos seus donos, os dedos retornaram às mãos, os anéis aos dedos, as escolas às crianças, os varais retornaram às varandas, os amantes aos telhados, meu irmão à minha mãe, e eu retornei ao Levante.

Se estivéssemos num mundo virtual
eu teria me esquecido de me lembrar da guerra
e teria me lembrado de me esquecer dela,
assim como os mortos se esquecem das feições do general
assim como os mártires se lembram do caminho para casa.

A guerra terminou, e todos que eu conhecia se tornaram mortos, ou criminosos de guerra, ou criminosos de guerra mortos.

Se estivéssemos num mundo virtual
eu teria desligado a guerra,
assim como se desliga a televisão
mas nós nascemos num mundo filho da puta
e quando as pessoas nascem num mundo filho da puta
o tempo se transforma em uma máquina de escrever
e os mortos, em poemas.

Nota de rodapé cômica:
A genialidade de Dante está no Limbo, observe um pouco e você perceberá imediatamente que vivemos no primeiro círculo do Inferno.
(corte)

2 - A guerra

Tentei traduzir a guerra para você, de uma língua semítica para uma língua indo-europeia, e você foi atingida por estilhaços, tentei te socorrer, e o boletim de notícias nos sitiou, o Conselho de Segurança tentou nos enviar armas inteligentes, e os seguranças de inteligência mediana as confiscaram, xingamos a Cruz Vermelha, e o Vaticano objetou, comemos a carne de cães domésticos cujos donos foram mortos, e os ambientalistas objetaram, salvamo-nos do afogamento, e a direita europeia objetou.

Como é possível que eu descreva para você o quanto este mundo se assemelha aos golpes de mãos franzinas contra as grossas paredes das câmaras de gás nos campos de concentração, sem que você sofra de transtorno de estresse pós-traumático? Como posso explicar para você a diferença entre escravos domésticos e escravos do campo, sem que você confunda a

Síria e o Surrealismo? Como é possível que eu diga num único poema: meus amigos foram mortos sob tortura e você é mais bonita que Nova Iorque, sem que Lorca ria no túmulo, ou que a poesia se desprenda da realidade?

Nota de rodapé trágica:
O problema deste mundo não é que um quarto dos seus habitantes vá às clínicas psiquiátricas, o problema é que o restante não vá.
(corte)

3 - Jogo de xadrez

Quando o vento passou, não encontrou a árvore, e o machado estava olhando para mim, e eu estava perdido na tradução, tranquilo como um cessar-fogo, preso num planeta azul, numa periferia remota da Via Láctea. Vi um cervo devorando um lobo, e o sangue pingava dos seus dentes, vi mulheres estéreis amamentando fetos natimortos, vi moscas eletrônicas saindo do Twitter e pairando em volta dos cadáveres dos meus amigos, vi um país num barco de pesca e um homem comendo a carne do seu irmão morto, não é uma metáfora como se encontra no Alcorão, mas sim um homem comendo o cadáver do seu irmão morto no bombardeio para não morrer de fome. O vento passou e não encontrou a árvore, não encontrou a cidade, não encontrou o país, os cães não uivavam, nem a caravana se movia. Minha esposa viúva olha para mim, e a guerra é tão limpa quanto o xadrez. Os preços dos barris de petróleo aumentam, os barris de TNT caem nas cidades, os aviões lambem livros escolares e mamam os dedos das crianças, enquanto eu fico calado como um cidadão europeu que goza dos privilégios do primeiro mundo e se pergunta com a inocência de um lobo doméstico, o que é mais difícil: o inverno sueco ou a primavera árabe?

Nota de rodapé absurda:
O *New York Times* diz: "o leite é branco", Paul Celan diz: "o leite é preto", minha mãe diz: "não há leite".
(corte)

4 - Metáfora de um mundo virtual

Dante tinha razão, essa comédia que vivemos é divina, ou para ser justo, digamos que é no mínimo 97% divina, caso contrário, como explicar que tudo ao nosso redor se assemelhe a uma metáfora saída de um mundo virtual!
As flores fazem sexo por meio das abelhas!
Adolf Hitler era vegetariano!
Estamos contentes que os Estados Unidos não tenham lançado a bomba atômica sobre Tóquio!
Apoiadores do ditador saem em manifestação exigindo a proibição das manifestações!
Eu te amo!
Deus vende as terras cheias de leite e mel!
A Finlândia é o país mais feliz do mundo, de acordo com o Relatório Mundial da Felicidade!
A cruz que você usa no pescoço nada mais é do que um dispositivo de tortura romano!

Nota de rodapé tragicômica:
Uma vez que eventualmente todos morrerão, a taxa de mortalidade na Síria e na Suécia é a mesma.
(corte)

2020

Tudo em seu devido lugar

A tristeza verde que você deixou na minha casa quando saiu continua fresca, tua voz sentada em silêncio na cadeira de balanço olhando para a música no rádio, o suor da palma da tua mão grudado na maçaneta da porta, o rangido da madeira do chão do quarto sob os teus pés descalços, a insônia que dorme no sofá como um gato velho, tudo permanece em seu devido lugar.

Teu cabelo preso nos dentes do pente, teu aroma que flui como o intervalo que falta no relógio de parede para chegar às seis da tarde, a condensação de água que a tua respiração deixou no vidro da janela, tua gazela que caça os meus dedos tranquilamente, e o tempo que corre no meu quarto no sentido anti-horário, tudo permanece em seu devido lugar.

Tuas coisas espalhadas por toda a casa como um campo minado, a cesta das tâmaras que você colheu das palmeiras do Polo Norte continua sobre a mesa, os encontros acometidos pelo Alzheimer, tua ausência que se apresenta quando você se ausenta, e o silêncio que cresce como a mão cortada de uma árvore, tudo permanece em seu devido lugar.

Teu batom brilhante como a luz do semáforo no copo, os dias que caem do calendário, teu espectro eletromagnético ecoando em ondas curtas, teus óculos de sol vigiando a irregularidade dos meus meses lunares, e tua presença surreal como uma oliveira no Norte da Suécia, tudo permanece em seu devido lugar.

Tuas impressões digitais marcadas nas rosas murchas do vaso, os ventos da mudança que sopram da janela fechada, as memórias que perderam a memória, o lápis delineador de *kohl* árabe que escreve em língua inglesa, e o pássaro noturno pulsando na gaiola do meu peito, radioativo como urânio enriquecido, inquieto como os poetas vagabundos e gentil como o profeta Muhammad.

2021

Um poeta em Berlim

Todas as metáforas mencionadas nesse poema são baseadas em eventos reais que nunca aconteceram antes.

Um homem solitário de olhos verdes e um olhar azul procura uma mulher que, carregando uma floresta, entrou no mar e não voltou.

Solitário como um banco de praça pública, a maioria das pessoas que tocaram sua ferida pensa que ele é um poeta de Berlim, mas ele é na verdade um poeta em Berlim.

Parece um banco de praça e, assim, jurava aos transeuntes que uma mulher que ele amou o havia levado para o mar e o trouxe de volta com sede, e em outra versão da história, registrada em um poema que encontraram no bolso da sua camisa azul, ela o trouxe de volta do mar com sede, mas ela não voltou. No entanto, a Fundação da Poesia de Chicago não pôde certificar a veracidade das informações contidas nesse poema.

Um homem solitário, numa cidade repleta de solitários, assegurou à polícia alemã que arcava totalmente com a responsabilidade pelo desaparecimento de uma mulher madura como um pessegueiro.

O investigador pediu que ele parasse com as metáforas, pois o relatório de investigação não era um poema pós-moderno, e em nenhuma circunstância o mar poderia ser palco de qualquer possível crime nessa cidade, pois mesmo nas canções mais ousadas de David Bowie não havia um mar em Berlim, depois acrescentou com a calma de uma casa abandonada, não posso encaminhar nenhuma acusação contra você nesse momento, pois, até a data de redação desse poema, não foi apresentada qualquer notificação oficial sobre o desaparecimento de uma mulher que se parece com o pôr-do-sol, que anda como uma manada de gazelas e que ama o verão e as crianças. Além disso, de acordo com a lei alemã, não há crime, se não houver um corpo.

Um homem solitário de olhos verdes e um olhar azul entrou no mar, para procurar uma mulher que entrou no mar e não voltou, e ele não voltou.

2022

A borboleta me picou

Ela disse que existe uma palavra na língua árabe para descrever uma égua que fica de pé sobre três patas de manhã cedo, então eu a amei, e perdi o caminho de casa.

O silêncio dos cordeiros, que vivo diante da faca com que você corta meu coração.

Meu coração, que está despedaçado como um carro-bomba em frente a um café popular no bairro de Karada, em Bagdá.

Bagdá, de onde emigrou o guarda do banco que me olha quando atravesso a rua que leva à tua casa.

Tua casa sagrada, e o jornal da manhã que continua chegando à noite como se soubesse os horários do meu despertar.

Como é surreal que eu viva em um continente que garante a liberdade de expressão, enquanto sou incapaz de te explicar como a hora chega atrasada quando você fica nua, como preciso de um tradutor juramentado para dizer eu te amo, as coisas me confundem, mulher, sempre que procuro palavras dignas da tua cintura a Torre de Babel desaba dentro de mim, e a língua árabe é comida pelo lobo, sempre que encontro uma cidade parecida com você o general a bombardeia, sempre que pronuncio o teu nome volto a ser criança, volto tanto a ser criança que crescem novamente em mim os dentes de leite.

Aqui estou eu diante da tua fonte, meu copo está cheio de sede, e a água flui, a civilização ocidental entrou em colapso às nove e meia da noite no horário de Meca, e a água flui, os campos de trigo queimaram no Vale do Silício, e a água flui, as palavras do hino nacional retornaram às páginas do Alcorão, e a água flui, e a água flui, flui...

Você se lembra quando me disse que o amor não é mais que reações químicas causadas por hormônios dentro do corpo humano para obrigá-lo a se reproduzir, você estava certa, havia uma reação em cadeia de fissão acontecendo no meu coração naquela noite.

Naquela noite, a borboleta tatuada na tua pele me picou, então a noite se rompeu, e devido ao efeito do hormônio melatonina que a tua presença nua na cama acrescenta à cena de modo geral, e à minha vida em particular, a sonolência se tornou parte integrante das minhas memórias, e enquanto eu estava tomado pela tua presença física que poderia causar uma guerra civil num país democrático, um *sniper* atirou uma flor de amêndoa e me atingiu no coração, então o alfabeto se tornou estreito para os poetas, e os pássaros fugiram dos poemas dos livros didáticos e cometeram suicídio em massa nos fios elétricos, portanto, nunca me esquecerei, enquanto eu viver, da tua voz encharcada pelo vinho quando você me dizia: "se a revolução vencer voltaremos e abriremos um restaurante sueco na Síria, e se o ditador vencer ficaremos e abriremos um restaurante sírio na Suécia", e você ria, e riam os mártires e o mar e o departamento fiscal, e riam as ruas e os barcos e os sonhos, e riam Deus e a morte e os guardas da fronteira, e riam os trens e as mães e os sacos de areia, e riam os soldados e a casa e o pão quente, e riam as valas comuns e as bodas e os campos de trigo, e riam o cerco e o gabinete de empregos e o general, e riam as viúvas e os mísseis e as cartas que não chegaram, e a guerra sorria.

Naquela noite, encantaram-me os detalhes que descobri no teu corpo deitado sobre o globo terrestre, e aquela semelhança suspeita entre o teu sono e a morte clínica, e quando perguntei a você sobre as horas, você pensou que eu estava perguntando sobre o amor, então os dias e as estações do ano se perderam, e a hora chegou, e a Lua se partiu, e apesar de todas as minhas tentativas apressadas de chegar a uma saída de emergência, teu colchão quente cortou as rotas de abastecimento e cercou minhas memórias, e enquanto eu estava ocupado removendo os espinhos dos meus pés ensanguentados, você estava sentada no fim do mundo, olhando para mim.

Naquela noite, o teu peito excitado me surpreendeu como a cafeína, então a insônia foi atingida pelo sono, e a neve queimou no inverno sueco, o poeta saiu e não retornou, o eco não retornou da tua cama adormecida e do teu corpo acordado, a história não se repetiu nos noticiários, e as lembranças não aconteceram no futuro.

Ó profetiza, que andou no asfalto, não na água, e os marinheiros ficaram apavorados, e os poemas suspensos na Kaaba gaguejaram, você passou pela cidade, e a estrada perdeu o caminho de casa, e o país foi preso enquanto tentava escapar do porto, eu vi você com meus próprios olhos colocando gaiolas em pássaros, mas não entendi como interpretar, e vi você servindo taças no vinho, mas eu não era sonhador o suficiente, então não confiei na tua água e nas tuas memórias, e aqui estou eu agora parado como um camponês derrotado, olhando os meus campos devorados pelo fogo, e lembrando do país que deixei para trás quando fugi correndo em frente, meu país que foi morto por complicações decorrentes do transtorno de estresse pós-traumático.

Por você, minha mãe me deu à luz no calor de julho, e Damasco estava queimando metaforicamente, não de verdade como nesses dias, e enquanto eu crescia lentamente sob o sol do Mediterrâneo, você estava presa na escuridão da Escandinávia, tentando acender uma vela fraca numa igreja protestante, iluminada pela eletricidade de um reator nuclear, cujos resíduos nucleares são secretamente enterrados num país do terceiro mundo, em troca de ajuda alimentar.

Deixe-me tocar o teu coração que você deixou na beira da mesa, porque nunca toquei um coração antes, nem vi o mundo da janela do quarto de uma mulher que conhece o mundo melhor do que eu.

Você é maior do que posso calcular, embora os árabes fossem poetas da matemática, e menor que minha saudade de você, e apesar do desenvolvimento a que chegou a psicologia moderna, os cientistas até o início do século XXI acreditavam que você era tímida na cama e que os poetas eram pobres coitados. Se desconsiderarmos os axiomas, o que mais causa perplexidade à comunidade científica é como é possível que uma mulher, magra como uma janela com vista para o oceano, consiga atacar um homem nascido sob o signo de lobo, e apesar da futilidade do mundo em que vivemos, eu te amo como se você fosse a última mulher do Sistema Solar e, assim como Adorno acreditava que escrever poesia após Auschwitz era uma barbárie, acredito que me apaixonar por uma mulher depois de você seria uma barbárie.

A borboleta tatuada na tua pele me picou, e o veneno se infiltrou nos meus poemas. Por que você não me alertou sobre os efeitos colaterais dos teus dedos? Por que você escondeu, com intenção de enganar, informações sobre a diferença entre um campo de trigo e um campo minado? Por que você não me disse que a morte do autor nas tuas mãos é uma morte real, que não tem nada a ver com a metafórica morte do autor segundo Roland Barthes?

Uma overdose de você me matou, por favor, restaure-me às configurações de fábrica.

2022

لقد أحضرتُ لكِ سوريةَ

لقد أحضرتُ لكِ وردةً من الكونكريت، تشبه أيامي التي مرّت، وأحلاماً منزوعة الكوابيس، كي لا تصابي بالذكريات، ولكنْ كلّما ضعتُ في الترجمة، قشّرتُ لكِ المجاز مثل برتقالة، وأخفيتُ عنكِ قصائدي التي تعاني من اضطرابات ما بعد الحداثة.

لقد أحضرتُ لكِ يداً مقطوعة، ليصبح لديكِ المزيد من الأيادي، وأصابع من الديناميت، كي تشيري بها نحو البلاد، ولكنْ كلّما أشعلتِ ناراً، رأيتُها من بعيدٍ بعيد، وجئتُكِ من كلِّ فجٍّ عميقٍ، لأنّكِ مكّة، أو كأنّي الرجل الذي لا يعود.

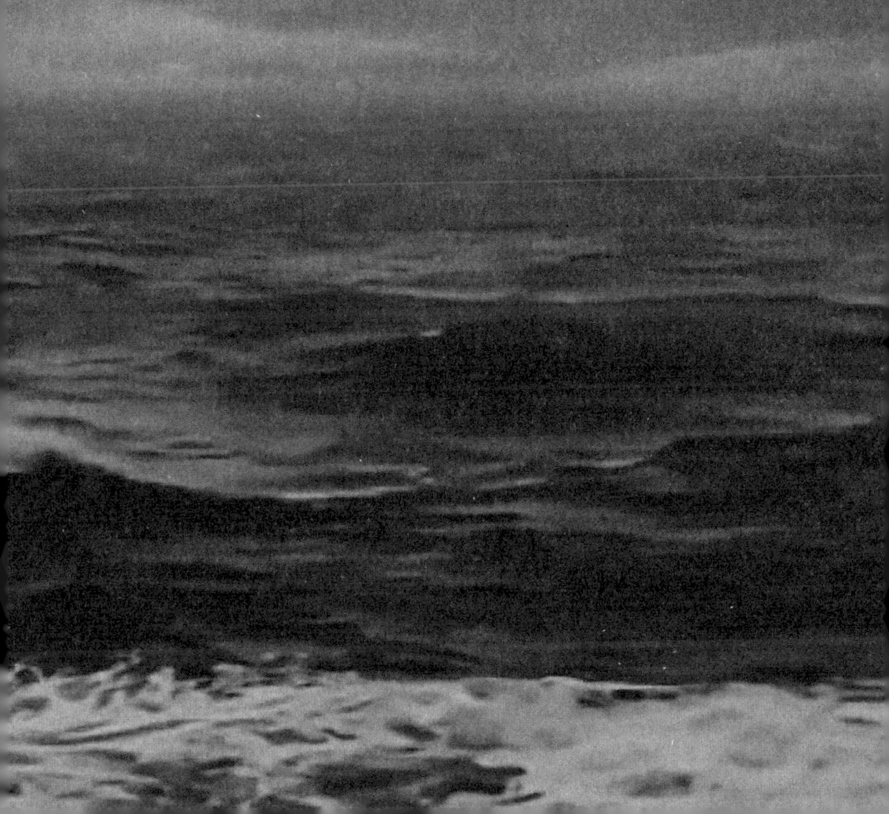

Eu te trouxe a Síria

Eu te trouxe uma rosa de concreto, parecida com meus dias que passaram, e sonhos desprovidos de pesadelos, para que você não seja atingida pelas lembranças, e sempre que me perco na tradução, eu descasco a metáfora para você como uma laranja, e escondo de você meus poemas que sofrem de transtorno de estresse pós-moderno.

Eu te trouxe uma mão decepada, para que você tenha mais mãos, e dedos de dinamite, para que você aponte para o país, e sempre que você acende o fogo, eu o vejo de longe, de muito longe, e venho até você de todos os rincões do mundo, como se você fosse Meca, ou como se eu fosse a partida que não volta.

Eu te trouxe o mês de julho, para você despir tua camisa branca, e um sol frio que roubei do Norte da Suécia, para que você sofra de depressão, e sempre que o massacre te consome, eu escavo a tua sepultura morta e ressuscito o teu cadáver lindo como a volta para casa.

Eu te trouxe um país ocupado por outros, para você nascer na diáspora, e pássaros chorando sangue, para você retirá-los das gaiolas, e sempre que minha mãe me dá à luz, eu saio correndo à frente, e uma chuva verde cai sobre os meus poemas assassinados.

Eu te trouxe cidades destruídas sobre seus povos, para que você as reconstrua, e mães esperando diante das janelas, para que os mártires voltem ao fim da tarde, e sempre que você é acometida de insolação lunar, eu faço para você emplastros de vinho, e o país flui como o meu sangue disponível.

Eu te trouxe uma vala coletiva, para você conhecer novos amigos, e bombas não detonadas, para você distribuir às crianças, e sempre que as máquinas da paz te esmagam, eu costuro tuas feridas que sangram música, para que as memórias não morram.

Eu te trouxe borboletas venenosas, para você espalhar alegria nos cemitérios, e janelas fechadas, para você olhar o céu, e sempre que os soldados me executam, eu volto para você enquanto as pessoas dormem, com o corpo perfurado e uma memória que parece o esquecimento.

Eu te trouxe uma arma branca, para você degolar os dias, e um sangue preto, mais barato que a água, e sempre que eu perco a minha língua árabe, poemas que eu não escrevi chegam para mim por carta registrada, então me lembro de um jovem poeta que eu deixei em Damasco.

Eu te trouxe um cavalo árabe, para que você se lembre da tua língua materna, e uma guerra civil do Oriente Médio, para você não sentir falta de casa, e sempre que uma escola primária morre num bombardeio, eu espalho a carne dela para os pássaros e distribuo os restos mortais para os pobres.

Eu te trouxe a terra prometida, para que possamos nos encontrar, e um genocídio que sofre de solidão, porque ele não poupou ninguém, e sempre que o general nos sitia, eu te alimento com o noticiário, como se você ainda não fosse desmamada e não tivesse nascido de uma mulher da terra do leite, do mel e das bombas.

Eu te trouxe uma bala perdida, para que você acredite nas probabilidades, e uma estrada que leva ao deserto, para você confiar na água, e sempre que sinto o cheiro do país onde nasci, uma mulher me pega pela mão e me dá de comer aos lobos.

Eu te trouxe umas bombas inteligentes, porque o mundo é estúpido, e soldados que não têm filhos, para cumprirem as ordens, e sempre que me lembro de você e me esqueço da guerra, uma bala me salva da vida.

Eu te trouxe um ataque de pânico, para que você se acalme, e estradas bloqueadas por milícias, para você alcançar um lugar seguro, e sempre que encontram meu corpo pela manhã, creio em Deus, na grama e nas memórias.

Eu te trouxe uma pequena tristeza, para que ela cresça nas tuas mãos, e portas abertas à ausência, para você estar presente, e sempre que meus primos me matam, minha mãe me dá à luz novamente nos campos de refugiados.

Eu te trouxe gás sarin, para você respirar fundo, e bombardeios aleatórios sobre civis, para você acreditar na sorte, e sempre que a vida me erra uma vez, a morte me erra duas, então meus poemas se salvam do silenciador.

2023

O mármore azul

1 - Damasco

Tudo pulsava com a morte, exceto a morte, que estava viva.

A guerra se infiltrava à noite na ponta dos pés como uma mãe carinhosa, para se certificar de que dormíamos em paz, ajeitando a posição das nossas cabeças nos sacos de areia como se fossem travesseiros de penas, cobrindo os nossos cadáveres com os escombros para que não pegássemos um resfriado, tentando nos reunir em valas comuns para que não nos sentíssemos sozinhos.

Enquanto o mundo estava silencioso como um cemitério, as bombas apagavam o disco rígido da memória da cidade, reformatavam as casas, e as ruas cheias de cadáveres foram gradualmente transformadas numa instituição pública de produção de fertilizante orgânico.

Quanto à Síria, nosso desafortunado país que deixamos para trás, saiu da geografia e entrou para a história.

Nota de rodapé 1:
O que acontece nesse planeta azul deve permanecer nesse planeta azul.

2 - A chegada na cidade da não-chegada

O segurança do aeroporto olha para minha bolsa feita de pele humana, e o medo brilha como os teus olhos, dos quais me lembro bem. Os detalhes que a tristeza transformou em memórias estavam escondidos em um bolso secreto da bolsa como um carregamento de cocaína, e o mundo é uma maçã azul como apareceu na foto "O mármore azul" em 1972, e enquanto minha memória era a única evidência do massacre, o presente caía como castelos diante dos romanos, e tua voz que chegava via satélite era a única coisa que não se transformava em mera probabilidade num algoritmo.

Mera probabilidade num algoritmo, a Terra aparece como um ponto numa das telas de Georges Seurat, e o segurança pensa como um cavalo perdido quando murmura o nome do local de nascimento: "Damasco", e eu penso nas probabilidades que fizeram com que nos encontrássemos neste planeta, e você achou que era mera coincidência, porque Deus não existe como você diz, e eu pensei que era a vontade de Deus, como diz o versículo número 30 da Sura do ser humano*.

Penso nas probabilidades, como um homem precisa de uma mulher para se tornar sábio o suficiente para escolher o caminho solitário, ou para perceber que nem tudo que reluz é ouro, ou para reorganizar o caos na forma de uma família que não vive sob o bombardeio, ou ter medo da ideia de que ele não sente medo.

Penso nas probabilidades, como pode uma mulher presa no meio deste inverno sistemático, o qual pode transformar qualquer simples tristeza em melancolia, rir como um campo de trigo no Oriente Médio?! Como pode uma mulher que testemunhou toda essa devastação irradiar calor no meio dessa escuridão total, nesse nortenho Norte?!

Como pode uma mulher ser tão evidente quanto a ocupação, tão triste quanto a Síria, tão bonita quanto os desejos?!

Nota de rodapé 1:
Na estrada que dá acesso à cidade, há uma bifurcação para duas outras estradas, uma delas é mais tentadora que a outra, larga, decorada com árvores e sugere segurança, mas ela leva

* "E não o querereis, a não ser que Allah o queira. Por certo, Allah é Onisciente, Sábio". Tradução do sentido do Nobre Alcorão para a língua portuguesa. Trad. (Helmi Nasr). Medina: Complexo de impressão do Rei Fahd, 2005. (N. do T.)

ao lobo, e a outra é isolada, escura, solitária e fragmentada, mas leva a Damasco.

Nota de rodapé 2:
Damasco, antes de o lobo comê-la, assemelhava-se ao amor, e éramos estranhos o suficiente para sentir a segurança que os prisioneiros sentem quando os seus dias na prisão são longos e então detêm-se, e assim como todos neste planeta azul sabem que a Argentina é o único país italiano que fala espanhol, e isso é um fato científico, todos sabem também que Damasco é a única cidade morta onde existem pessoas vivas, e isso é um fato literário.

Nota de rodapé 3:
Deter-se, como diz Yassin Alhaj Saleh, é quando o preso se instala na prisão e se adestra a viver nela, então relaxa como se estivesse em casa, e o tempo passa a ser seu aliado, assim a função básica da prisão torna-se inócua, e os anos passam a ser como se fossem uma etapa orgânica da vida do preso.

3 - Berlim

Nasci de uma mulher estéril, no ano dos assassinatos por carteira de identidade, minha mãe é uma lata de leite em pó da UNESCO, e minha língua árabe é incrustada com elétrons, durmo com as pálpebras cheias das suas irregularidades sob a influência de drogas, e as pessoas ficam acordadas* nos bares desta cidade até de manhã.

Esta cidade é um massacre em potencial, uma vala comum pós-moderna, um campo de concentração para artistas da geração millennial, ela se parece com o meu rosto na foto do passaporte falso, ela se parece com o meu coração que pode

* Referência ao verso do poeta Almutanabbi (915-965 d.C.) "Durmo com as pálpebras cheias de suas irregularidades [da língua árabe], e as pessoas ficam acordadas por causa delas discutindo". (N. do T.)

te amar novamente e dormir no teu colo como um bebê, meu coração que pode.

Esta cidade está tensionada como um tendão, como pode uma cidade tensionada como um tendão nos dar a liberdade dos curdos nas montanhas?!

Esta cidade sobreviveu à paz uma vez, e à guerra duas vezes, ela nos ensinou como proteger o país dos homens que protegem o país, então nos lembramos de Damasco, e sempre que nos lembramos de Damasco nos lembramos da destruição, e sempre que nos lembramos da destruição nos lembramos de Berlim.

Nota de rodapé 1:
Em março de 2067, a Deutsche Bahn inaugurou a sua nova linha ferroviária, Berlim-Damasco, com uma velocidade de 250 km por hora. O trem percorrerá, na tranquilidade habitual dos trens noturnos, uma distância de 3.700 km em quinze horas. O trem parte de Berlim às cinco da tarde e chega em Damasco às sete e meia da manhã.

Nota de rodapé 2:
Num possível trem noturno de Berlim para Damasco, os imigrantes migrarão novamente, os mortos morrerão novamente, e o jardim que agora devora a rosa continuará, até aquele momento, devorando a rosa.

Nota de rodapé 3:
— Por que as pessoas adoram Berlim?
— Porque não viram Damasco.

4 - Transtorno de Estresse Pós-Traumático

Olhe ali, vê aquela floresta de prédios emaranhados? Chama-se cidade, enquanto a floresta de corpos emaranhados aqui é uma festa dançante, ou a possibilidade de uma vala comum.

Olhe mais longe, considere as guerras que ainda não aconteceram, pense nas bombas que não caíram, nos cadáveres que não se decompuseram sob os escombros, nas crianças que crescerão como se a vida fosse bela, no país feliz e seguro.

Você diz que eu sobrevivi à guerra, não, minha querida, ninguém sobrevive à guerra, unicamente eu não morri, permaneci vivo apenas.

Vivo apenas, e morreu a casa e a rua da casa e o bairro e a cidade e o campo, morreu o passarinho e o limoeiro e o gato de rua e o cachorro dos vizinhos, morreu o jardim da nossa vizinha e a nossa vizinha e a cafeteria da esquina e a mesquita do bairro e a escola primária e o professor e o país e as pessoas, tudo morreu, e a voz do professor primário continuou ecoando na minha cabeça, "É melhor chegar atrasado do que não chegar", até que descobri depois de longos anos de devastação que o melhor, na maioria das vezes, estava em não chegar.

Nota de rodapé 1:
Esse mundo está desmoronando tranquilamente, enquanto você dorme profundamente, como se nada tivesse acontecido, fugimos da nossa fuga das cidades que consomem a madeira das nossas memórias como uma lareira, e se eu não estivesse agora mesmo tocando o teu corpo com essa mão eu não acreditaria que nos esquecemos que nos lembramos, e que as bombas que caem sobre as casas que ficaram estranhas se tornaram familiares, e que as estradas se contraem como um animal aterrorizado, e que os homens que partiram e não voltaram não voltarão, e que o país que matou o meu irmão foi encontrado morto com um tiro na cabeça, e que o mundo não chama as coisas pelos seus nomes.

Nota de rodapé 2:
O mundo chama a guerra no Vietnã de Guerra do Vietnã, a guerra no Iraque de Guerra do Iraque e a guerra no Afeganistão de Guerra do Afeganistão, e todas são guerras dos Estados Unidos.

5 - Amor

Não tema essa noite sedenta como uma floresta em chamas, pois meu coração está encharcado de memórias, não entre pela porta estreita, não feche as possibilidades atrás de você, a canção não se parece com a tarde, e o caminho até você é tão cansativo quanto o rosto de Cristo, venha, estou respirando afogado, como quem respira o ar de uma garrafa, mas eu sou verde como o amor, e meu cavalo é árabe, e embora o meu passaporte seja falso, meus poemas são reais, e no meu quarto são feitas as memórias.

Adoro o tilintar da chave da minha casa entre as tuas chaves, e o meu tilintar entre os teus detalhes, e aqui estou eu pensando no passado que vai acontecer agora, no calor que habita o espaço entre o teu corpo e a cama, na tristeza que se expande como um câncer pelo mapa do mundo, e no teu rosto que viaja comigo nesse globo terrestre, enquanto estou sentado à beira da ocupação, pesco um peixe no Mar Morto, e penso em todas as crianças que nasceram mortas, e nos cavalos selvagens que correm nas pradarias, ah, meu amor, os profetas mentiram para nós, e o Novo Testamento não é mais novo depois de 20 séculos, não acredite no noticiário, não abra a porta, não feche as possibilidades.

Venha, o jantar está quente, o vinho está frio, a cama está morna, e matei algumas rosas da estrada, para dar vida ao meu quarto, e aqui estou eu pronto para procriar, não deixe a flor da vida murchar, o amor é difícil quando não sabemos como amar, mas é mais difícil quando sabemos. Venha, pois talvez não nos lembremos do que acontecerá no futuro, e talvez depois de todas essas guerras venhamos a morrer de amor.

Nota de rodapé 1:
Tenho duas notícias, a primeira é ruim, e a segunda é pior.

Quanto à primeira, eu te amo.

2023

أنا رجلٌ "حرٌّ"، من بلادٍ محتلة، يدي التي أكلها الذئب، هي الجزء الوحيد منّي الذي لم يلتقِ بكِ، ولهذا نشعرُ دائماً أنَّ هنالك شيئاً صغيراً ناقصاً بيننا.

أنا رجلٌ "حرٌّ"، من بلادٍ تحلم بالحرّيّة، يدي التي خرجت ولم تعدْ، كثيراً ما أحاول أنْ أضمّكِ دونها، ولهذا أبدو وكأنّني أحبكِ بنصف حُبٍّ، لكنّني أريدكِ أنْ تتذكري دائماً، أنني حين أضمكِ بيدٍ واحدةٍ يا حبيبتي، فإنما أنا أمنحكِ مزيداً من الحرية، حينما يأتي يومٌ تقررين فيه الرحيل.

٢٠٢٣

Minha mão que saiu e não voltou

Sou um homem livre, de um país que não é livre, escrevo poemas de amor na forma de pesadelos e os distribuo gratuitamente para pessoas assassinadas nascidas de mães assassinadas. Minha mão, que ganhei em tempo de paz, eu perdi na guerra, e é por isso que não posso te abraçar com força.

Eu a perdi na guerra, mas às vezes nos sonhos eu a vejo dando tapinhas nos ombros dos mártires, então choro como os homens, enquanto Deus sorri na foto de grupo, e às vezes, sinto frio, então a procuro para escondê-la no bolso do casaco, mas não a encontro.

Sou um homem livre, de um país ocupado, minha mão, que o lobo comeu, é a única parte de mim que não te conheceu, e é por isso que sempre sentimos que falta uma coisinha entre nós.

Sou um homem livre, de um país que sonha com a liberdade, minha mão, que saiu e não voltou, muitas vezes tento te abraçar sem ela, e é por isso que eu pareço te amar só meio amor, mas eu quero que você lembre sempre que, quando eu te abraço com apenas uma mão, meu amor, estou te dando mais liberdade, para quando chegar o dia em que você resolver partir.

2023

Reciclando a morte

A única razão pela qual eu não odeio o meu país é porque eu não tenho um país.

Um soldado que voltou da linha de frente com uma memória mutilada diz: "saia da frente, você não é um semáforo para ficar parado num cruzamento de duas ruas", então reparo num buraco preto na camisa dele, e me lembro da alegria usada que herdei da minha mãe, e dos meus amigos que morreram de overdose de esperança.

Um jovem que viveu sob ameaça, e que morreu sob tortura, diz: "quando tua idade for maior que o número do teu sapato, não te importará em qual terra você morre, e sim em qual terra você vive", então reparo nos seus dedos decepados, e me lembro da morte que reciclamos na memória de família, e dos cadáveres que transformaram meus livros em cemitérios.

Meu pai diz: "sou mais velho que Israel, e quanto à Palestina, ela se perdeu na tradução", então reparo na Síria em que ele vive, e na Palestina que vive nele, e tento ver o copo meio cheio de sangue, a única razão pela qual a Palestina ainda está no Oriente Médio é porque não é possível carregá-la para os museus da Europa.

Abu Tammam diz: "emigre e seja renovado", então reparo nos doze séculos entre nós, e me lembro da eternidade, os poetas viajam pelo espaço, a poesia viaja pelo tempo.

Ali Ibn Abi Talib diz: "as pessoas estão dormindo, e quando morrem elas acordam", então reparo no tempo, e me lembro das eras, e de como passamos os dias temendo que os dias passem.

Deus diz: "a terra de Deus não era bastante ampla, para, nela, emigrardes"*, então reparo nos arames farpados que saem dos meus poemas, e me lembro do meu país que eu escondi numa mala de viagem, quando obtive a cidadania sueca, tornei-me palestino, e foi possível que eu viajasse à Palestina.

O poeta que eu era em Damasco diz: "a destruição te entristeceu ou a tristeza te destruiu?", então reparo na minha cidade que foi comida pelo lobo, e me lembro da proporção inversa, quanto maior a matança, menor o número de testemunhas.

2023

---

* Trecho da Sura das mulheres (*annissa'*), ayah 97, segundo Tradução do sentido do Nobre Alcorão para a língua portuguesa. Trad. (Helmi Nasr). Medina: Complexo de impressão do Rei Fahd, 2005. (N. do T.)

Você acredita em Damasco à primeira vista?

Quando estávamos na Síria, sonhávamos em retornar à Palestina. Agora, sonhamos em retornar à Síria, para podermos continuar o sonho de retornar à Palestina.

Você acredita na casa que foi encontrada assassinada e nos prédios que caíram sobre as bombas e no país que foi roubado? Você acredita nos projéteis de morteiros que chovem nos sonhos e no campo de refugiados que vem na forma de um *déjà-vu* e na Nakba que dorme ao nosso lado na cama? Você acredita no cheiro do café que se mistura com o gás sarin e nas sacadas que se asfixiam e nas cidades que dormem em unidades de tratamento intensivo? Você acredita na banalidade do mal e na nostalgia que olha da janela e nas casas que migraram e nos deixaram para trás? Você acredita no início do amor e no fim da vida que passa e no suicídio das memórias? Você acredita na saudade das distâncias que há entre nós pela cama e nos nossos filhos que não nasceram e nas noites que dormem no meio do dia? Você acredita na poesia sem que as palavras caiam no poço e na alegria sem que a culpa nos coma? E na Palestina?

Você acredita em vida após Damasco?

2023

ستوكهولم، لقد كان إليوت على خطأ، إنّ أبريل هو أرقّ الشهور، لأنّ فيه ينتهي شتاؤك المرّ.

خلف قضبان سجنك الذهبي، أحنُّ إلى الحديد، ووراء جدران عزلتكِ السميكة، أحلم بالازدحام، أيتها التعيسة مثل أغنية شعبية، المهجورة مثل قرية أصابها الطاعون، ها أنا أغرق ببطءٍ في قلب الظلام، ظلامك الحقيقي، لا ظلام جوزيف كونراد الاستشراقي.

A terra devastada

As opiniões expressas nesse poema não refletem necessariamente a opinião do poeta, assim como os mísseis que caem sobre as cidades não refletem necessariamente a opinião dos civis indefesos.

Estocolmo, Eliot estava errado, abril é o mais gentil dos meses, porque nele termina o teu inverno amargo.

Atrás das grades da tua prisão dourada, eu anseio pelo ferro, e atrás das grossas paredes do teu isolamento, eu sonho com a multidão, ó miserável como uma canção xiita, abandonada como um vilarejo afligido pela peste, aqui estou eu afundando lentamente no coração das trevas, tuas verdadeiras trevas, não as trevas orientalistas de Joseph Conrad.

Estocolmo, ninguém acompanhará teu cortejo fúnebre, teu cadáver de cimento não irá se decompor enquanto o inverno estiver lá fora, olhando para nós detrás do vidro da janela.

Aqui está a depressão sentada no sofá da sala como um membro da família, e os hospitais psiquiátricos estão tão lotados quanto as valas comuns no Oriente Médio, aqui estou eu à tua porta como um criminoso submetido ao programa de reabilitação, pensando no Sol, sonhando pesadelos felizes, todos ao meu redor têm medo do terrorismo, e eu tenho medo do capitalismo, sempre que escondo minhas feições como um fora da lei, sou exposto pela morte que cai dos meus poemas árabes, e da minha língua que parece tão distante quanto as memórias, sempre que sou pego tentando fugir, consigo liberdade condicional mediante fiança paga pelos meus amigos brancos, sempre que mato uma quantidade de pássaros que fazem ninhos na árvore genealógica, recebo um novo lote de pássaros dos poemas dos teus educados poetas.

Estocolmo, sempre que corro atrás de um sonho de uma noite de verão, acabo em um pesadelo de uma noite de inverno.

Meus dedos tremem de frio, e meu coração treme de solidão, e aqui estou eu tateando na escuridão as paredes da caverna como um homem da Idade da Pedra, tentando descobrir o fogo, para que eu possa alcançar uma longa trégua com tua geada sem fim. Aqui estou eu trocando amigos temporários de verão por amigos permanentes de inverno, assim como os carros trocam os pneus de verão pelos pneus de inverno, e eu escuto os toques suaves dos dedos de novembro enquanto eles tentam abrir a janela, e você tenta me convencer a ficar, repetindo fatos científicos sobre as leis que regem o universo e como a lentidão está ligada ao inverno, e os elétrons orbitam o átomo lentamente no inverno e aceleram quando são expostos ao calor, enquanto eu estou preocupado com um único assunto, como eu vou escapar dessa grande geladeira e solicitar asilo a um país quente por motivos climáticos.

Estocolmo, o que está uivando do lado de fora não é o inverno, é uma era glacial.

Será que essa noite eterna está se repetindo em um disco riscado ou que há um buraco negro sugando a luz? Todas as estradas que levam ao verão estão fechadas devido ao acúmulo de gelo, e a felicidade se despediu de nós e hibernou. Está chovendo ômega 3 nos anúncios da televisão, minha amada, e eu conto meus dias em um calendário de parede que eu trouxe de Damasco, cujas letras árabes causaram pânico no departamento de imigração e nos corações dos intelectuais de classe média. Todos ao meu redor têm medo do Islã, e eu tenho medo da islamofobia, preso entre a ditadura do meu país e a ditadura do teu inverno, sempre que acredito que me tornei cidadão do estado de bem-estar social, sou exposto pelo meu saldo bancário e pelo complexo de sobrevivente que tento esconder entre as palavras, sempre que saio do roteiro, sou punido pela "Lei de Jante" e pelos estereótipos distribuídos gratuitamente aos imigrantes.

Estocolmo, você se gaba da neutralidade e de não se envolver numa guerra há duzentos anos. Eu gostaria que você não tivesse sido neutra e que os nazistas tivessem te ocupado como a Noruega e a Dinamarca, em vez de você ter cooperado com eles.

Estocolmo, não é coincidência que o ABBA cante por dinheiro, nem é coincidência que a Síndrome de Estocolmo tenha o teu nome.

Estocolmo, o Sol é comprado pelos ricos em viagens de avião, e a alegria está associada ao álcool.

Estocolmo, sou um sueco quando me cobram impostos, um imigrante quando demando igualdade.

Estocolmo, temperatura abaixo de zero, imigrantes abaixo da linha da pobreza.

Estocolmo, dinheiro sujo debaixo da mesa, sujeira debaixo do tapete.

Estocolmo, trabalho formal para o homem branco, trabalho informal para o homem negro.

Estocolmo, o racismo está diminuindo, a discriminação está aumentando.

Estocolmo, desenvolvimento civilizacional, atraso social.

Estocolmo, neve no inverno, chuva no verão.

Estocolmo, melancolia concentrada.

Estocolmo, inverno sistemático.

Estocolmo, uma cidade irreal.

2023

Ghayath Almadhoun é um poeta palestino nascido em Damasco em 1979 e radicado na Suécia desde 2008.

Seus poemas, publicados em árabe em cinco antologias, encontram-se traduzidos em trinta idiomas e foram publicados na Alemanha, Holanda, Suíça e EUA. Na Suécia, recebeu o prêmio Klas de Vylders stipendiefond para escritores imigrantes pela coletânea *Asylansökan* (Ersatz, 2010). Juntamente com a poeta sueca Marie Silkeborg escreveu *Till Damaskus* (Albert Bonniers Förlag, 2014), transformado em peça radiofônica para a Rádio Nacional Sueca.

Foi curador de diversos eventos e antologias literárias. Ghayath Almadhoun tem colaborado intensamente com diversos artistas e acadêmicos, incluindo a renomada artista americana Jenny Holzer, que projetou seus poemas em videoinstalações de grande escala no Museu Guggenheim (Nova York), e o músico Blixa Bargeld, que vem realizando performances de suas poesias na Noruega e na Grécia. Ghayath Almadhoun é também autor de vários vídeo-poemas, entre os quais destaca-se *Évian*, vencedor do Prêmio Zebra de melhor vídeo-poema de 2020.

Seu último livro, *Eu te trouxe uma mão decepada*, publicado em árabe pela Almutawassit em Milão, em 2024, foi traduzido e publicado na Holanda (Jurgen Maas, 2024), EUA (Action Books, 2024), Reino Unido (Divided Publishing, 2024) e Alemanha (Karl Rauch Verlag, 2025).

Em 2019, Ghayath Almadhoun foi premiado com a bolsa de estudos do renomado programa "Artistas em Berlim", do DAAD. Atualmente, vive entre Berlim e Estocolmo.

Editora Ars et Vita

Ars et Vita Ltda.

Avenida Contorno, 7041/101 . Lourdes - CEP: 30.110-043

Belo Horizonte – MG - Brasil

www.arsetvita.com

Copyright © Editora Ars et Vita Ltda., 2025

Poemas: © Ghayath Almadhoun, 2025

Tradução: © Alexandre Chareti, 2025

Capa e imagens do miolo: Stills do vídeo-poema *Évian*, de Ghayath Almadhoun (2019)

Foto autor: © Sina Opalka, 2025

Título

Você deu em pagamento o meu país

Revisão

Luiz Gustavo Carvalho

Capa, projeto gráfico e editoração eletrônica

Marcello Kawase

1ª edição – 2025

Impressão: Rona Gráfica e Editora Ltda.
Tiragem: 1.000 exemplares
Tipografia: Minion Pro
Papel: Pólen Bold 90 g/m2